Small Wins 스몰 윈

| 일러두기 |

• 이 책은 『작심』(2013)의 전면개정판이다.

• 본문에서 *로 표시된 부분은 213쪽부터 시작되는 '노트'에 좀더 자세하게 설명해놓았다.

능력을 극대화시키는
결정적 경험

Small Wins 스몰 윈

신동선 지음

해나무

차례

첫 책을 내고 10년이 지나 다시 꼼꼼히 읽어보았다. 글은 투박하지만 내용은 유익하다. 10년의 세월을 뚫고 그때의 글 조각이 나는 여전히 유효하다고 생각한다. 그 사이 나는 두 권의 책을 더 썼고, 여러 강의도 만들었다. 강의는 시리즈 강좌로 확대됐다. 골프도 치고, 늦게 입문한 테니스도 열심히 하는 중이다. 완벽하게 하지는 못해도 실력이 분명히 늘고 있다. 다양한 분야에 책 속의 내용들을 두루 적용하며 실험 중이다.

인생의 절반쯤에 다다르면 남은 시간을 어떻게 보내야 할지 고민하는 순간들이 찾아온다. 주어진 삶을 즐겁고 유익한 일로 채워야 한다면, 그런 것들로는 무엇이 있을까?

나는 이 재미와 의미를 '뇌신경연결'에서 찾고 있다. 내게 재미있고 의미 있는 일은 뇌신경연결의 지식을 공부하고 실험하고 알리고 퍼뜨리는 일이다. 이 지식에 수많은 가능성과 희망을 보고 있다. 뇌신경연결은 단지 그저 그런 지식이 아니다. 지식을 뛰어넘는 삶의 지혜이고, 인생 전체를 지원하는 믿음이다. 지금도 나는 알면 알수록 더 감동하고, 그 적용과 결과에 놀라고 있다. 진단을 알아야 처방이 나오듯 원리를 알아야 방법이 명확해진다.

내게 뇌신경연결의 지식은 다락방 속 보물찾기이다. 갈고 닦으면 닦을수록 그 가치에 놀라고 설렌다. 10년 전 책을 쓴 이유도 그러했고, 지금 이 순간까지도 그 믿음은 더 강화되고 있다. 여러분도 여러분의 뇌 속 작은 뇌신경들의 연결에 흠뻑 빠져보시길 바란다.

'스몰 윈'은 작은 성공을 축적하라는 의미를 담고 있다. 작은 성공 체험으로 믿음 자체가 바뀔 수 있기 때문이다. 큰 성공뿐만 아니라 작은 성공도 중요하게 생각할 줄 알아야 한다. 큰 성공은 작은 성공의 축적으로 가능한 것이다. 미래와 현재를 이어주는 돌다리 하나하나가 작은 성공 체험이 된다. 작은 성공은 자신이 주도적으로 세팅할 수 있다. 스스로 작은 향상을 성공이라고 표시하고 자축할 수 있다. 외부의 성공, 승리보다 스스로가 직접 세팅하는 성공 체험이다. 그래서 언제 어디서든 성공을 만들고 축적할 수 있는 구조다. 뇌신경연결의 세계에서는 사실 시도 자체가 이미 성공이다. 실패는 없고 피드백만이 있기 때문이다. 피드백을 쌓는 무한 시도는 결국 성공을 만들어낸다. 피드백이 쌓이면 실력은 무조건 늘 수밖에 없다. 작은 성공이 모이면 실력은 쌓이고 미래의 큰 성공도 자연스럽게 따라온다. 결국 외부의 눈에 보이는 큰 성공도 이룰 확률이 높아지게 된다. 더 나아가 사람들이 이야기하는 성공을 이루지 못해도 된다. 내 안의 작은 성공을 만들었기에 그것만으로도 사실은 충분하다. 삶 속 순간들이 그 자체로 충만해지기 때문이다.

원하는 것을 향해 시도하고, 작은 성공을 만들고, 뇌신경연결을
많이많이 만드시기를.

지금의 작은 한 발짝이 중요하다.

작은 성공,
결코 작지 않다.

작은 한 발짝 한 발짝, '작은 성공'을 응원해본다.

"바꿀 수 있는 것을 바꿀 수 있는 '용기'를, 바꿀 수 없는 것을 받아들일 수 있는 '겸허함'을, 그리고 그 둘을 구분할 수 있는 '지혜'를 주소서."

대학생 시절 한 동기생이 제일 좋아하는 말이라고 했다. 우연히 들었던 한 문구가 꽤나 울림이 있다. 인생에 대한 자세를 압축해 놓았다고 느끼기에 그런 걸까? 20여 년이 지난 지금 왠지 곱씹게 된다.

나에게 바꿀 수 있는 부분은 어디까지일까? 어디까지가 나에게 주어진 한계이고, 어디까지를 바꾸고자 노력해야 할까? 어디까지를 겸허히 받아들여야 하고, 헛된 욕망을 품지 말아야 할까? 더불어 나는 어떤 노력을 할 때 바꿀 수 있는 것을 제대로 바꿀 수 있을까?

나는 머릿속 세포들을 바라보면서 나름의 작은 답을 느낀다. 서로 이어지며 끝없이 확장하는, 또는 끊어지며 사라지는 작디작은 세포들끼리의 역동성에서 나름의 답을 엿본다.

의과대학을 졸업한 후, 신경과 전공의로서 4년을 보냈다. 많은 실수와 고민을 하면서 열심히 한다고는 했던 것 같다. 전공의가 끝나고 공중보건의를 하면서 책 읽기에 많은 시간을 보냈다. 재미있었다. 자기계발서, 뇌과학서, 책을 읽는 법에 관한 책, 공부 방법에 관한 책, 마음을 다스리는 책, 영어 학습법에 관한 책 등등. 책을 읽으면 이것저것이 연결된다. 그리고 나름 압축되는 것이 있다. 나에게는 용기, 겸허함, 지혜에 가까운 내용이 아닐까 싶다.

대학 다닐 때는 온갖 초자연적인 것에 대한 동경이 있었다. 외계인, 심령술, 전생, 숟가락 구부리기, 텔레파시, 초능력 등 뭔가 있을 것이라고 생각했다. 어느 방송에서였다. 흰 수염이 수북이 난 할아버지가 자기 앞에서 초능력을 시연하면 100만 달러를 주겠다고 했다. 많은 사람들이 도전했다. 몸에 온갖 것을 붙일 수 있다는 사람, 숟가락을 구부리는 사람, 투시할 수 있어서 다른 사람의 속을 들여다볼 수 있다는 사람 등. 결론적으로는 모두 돈을 받지 못했다. 할아버지는 전직 마술사였는데, 이런 초자연적인 것을 자칭하면서 혹세무민하는 것을 바로잡기 위해 나왔다고 했다. 마술은 마술을 하는 사람이 잡을 수 있다는 것이다. 우리나라에서도 유명했던 유리겔라라는 초능력자는 이 할아버지에게 꼬리가 잡혔다고 한다.

과학은 꽤나 우리를 자유롭게 한다. 원리를 알고 다양하게 적용하면 날개가 없어도 하늘을 날고, 산소가 없어도 해저를 여행하고,

우주를 향해 나아갈 수 있다.

멀리 돌아서 나는 다시 과학으로 돌아왔다. 그리고 뇌과학은 너무나 매혹적으로 많은 수수께끼를 풀어준다. 딱딱하게 보이는 과학, 예외가 없어 보여서 답답해 보이는 과학, 그리고 억지로 공부해야만 하는 과학이 경이롭게 느껴지기 시작했다.

재능이란 무엇인가? 나에게 주어진 한계를 확장할 수 있는 방법은 무엇인가? 노력으로는 어디까지가 한계일까? 사실 답은 아직도 잘 모르겠다. 하지만 생각보다는 훨씬 많은 부분이 노력으로 가능하다는 것을 느끼게 되었다. 더불어 우리사회는 너무 쉽게 실력을 재능으로 치부하는 경우가 꽤 많다는 것을 알게 되었다.

많은 것을 재능만으로 설명하는 것에는 약간의 위험성을 지니고 있다. 상한선을 긋고 연습을 통한 성장을 고민할 기회를 잃게 된다. 쉽게 얻어야 재능이 있는 것으로 여기고, 열심히 노력해서 얻은 결과를 재능이 없는 자의 것으로 여기게 될 수 있다. 재능이 있다는 것을 은연중 자랑할 목적으로 노력하지 않았는데 결과가 좋게 나왔다는 것을 보이고 싶어 할 수도 있다. 결과적으로 열심히 노력하는 모습은 재능 없음을 알리는 부끄러운 모습이 될 수도 있다.

노력하고 연습하는, 부지런하고 성실한 사람이 승자가 되어야 한다. 흘린 땀과 비례하여 존경받고, 사랑받을 수 있으면 좋겠다. 하지만 노력의 초점은 깊이 생각하여야 한다. 노력을 해서 바꿀 수 있는, 성장할 수 있는 부분을 향하여야 한다.

책은 3부로 나뉜다.

첫 부분에서는 머릿속 신경세포의 특징을 살펴본다. 여러 가지 뇌과학적인 관점이 있지만 이 책의 기본 틀은 신경세포 한 개 한 개의 연결 방법에 중점을 둘 것이다. 이것을 정확히 이해할 때 많은 응용력이 생기게 된다. 마치 '가나다라'를 알고 '아어오우'를 알게 되어 책을 읽고, 단어를 쓸 수 있고, 나아가서는 한 권의 책을 직접 쓸 수 있는 것처럼, 단순한 성질의 것들이 모여서 수많은 경우의 수를 창조하게 된다. 단순한 네 가지의 염기서열로 구성된 DNA의 조합이 진화라는 영겁의 시간 속에서 수없이 많은 조합을 만들어내듯이, 단순함이 조합하여 엄청나게 다양한 하나하나의 개성들이 나타나게 되는 것이다.

두 번째 부분에서는 뇌세포의 확장성 이해를 바탕으로 한 올바른 연습 방법을 이야기할 것이다. 연습 방법의 일반론 정도가 될 듯하다.

이어서 세 번째 부분에서는 개인적으로 경험했던 연습 방법에 대한 각론 정도가 된다. 운동 연습, 영어 연습, 기억 연습, 생각 연습 등 다양하게 적용할 수 있는 방법에 대하여 이야기할 것이다. 흔히 말하는 연습, 즉 운동, 영어 공부 이외의 것도 포함되었다. 이 또한 연습의 부분일 수 있다고 보기 때문이다.

아들 민찬이가 글을 좀 읽을 수 있고, 세상을 이해하기 시작할 때, 그리고 나의 아들의 아들 또는 딸이 또 그러한 때가 되었을 때 읽어봤으면 하는 마음에 몇 자 적어본다. 읽고 나서 행복한 노력쟁이가 돼주었으면 좋겠다.

"올바른 목표를 잡고 주기적으로 꾸준히 올바르게 연습을 하면 재능은 단련되고, 나는 최고가 될 수 있다."

1부 ● **한 번에 하나씩,
뇌신경을 연결하라**

작은 성공들을 쌓아
뇌를 바꾼다

연결에 주목하라

재능은 타고나는 것일까?

재능이란 무엇인가? 쉽게 무엇인가 할 수 있는 능력, 같은 연습을
했을 때 더 많은 성과를 내는 능력을 말한다. 많은 사람들은 재능
을 말할 때 '타고났다'는 말을 함께 쓴다. DNA 속에 무엇인가가 작
동했다고 생각한다.

　유전, DNA, 염색체. 과연 이것은 재능이라 불리는 것에 얼마나
영향을 줄까? 나의 DNA는 석기시대의 그들과 비교해서 얼마나
우수하기에 책도 읽고, 글도 쓰고, 컴퓨터도 사용하고, 수학도 잘
할까? 그러나 DNA 관점에서 보면, 나는 석기시대의 조상과 그리
크게 다르지 않다. 돌도끼를 다듬고, 움막을 짓고 살았던 조상과

거의 유사하다. 그렇다면 무엇 때문일까?

모차르트는 세기의 신동으로 널리 알려져 있다. 천재를 얘기할 때 매번 언급되는 대표적인 인물이다. 하늘에서 떨어지는 영감을 머릿속으로 받아 적는 모습. 그의 이미지는 영감, 천재의 대표적인 사례가 된다.

제프 콜빈Geoff Colvin의 『재능은 어떻게 단련되는가』라는 책을 보면, 모차르트의 아버지는 당시에 유명한 작곡가이며, 연주자였다고 한다. 그는 모차르트를 세 살 무렵부터 혹독하게 훈련시켰다. 모차르트는 오랜 숙련의 시간을 거치고 나서 작곡 및 피아노 신동이라는 타이틀을 얻었고, 이러한 전설은 현대에도 이어지고 있다. 이러한 모차르트의 어린 시절을 알아버린 우리는 그를 어떻게 불러야 할까? 흔히 말하는 천재라고 불러야 할까, 아니면 연습에 의한 후천적 노력파라고 해야 할까? 어찌 되었건 당시에는 그런 훈련을 통한 어린 피아노 천재는 드물었다. 하지만 모차르트의 피아노 수준을 현대 어린이들의 피아노 수준과 비교하면 모차르트가 아주 특출난 것은 아니라고 한다. 학자들이 개발한 조숙성 지수라는 수치로 나타내보면 모차르트는 130퍼센트, 20세기에 천재라 불린 사람들은 300~500퍼센트로 훨씬 뛰어난 수치를 기록했다고 한다. 200년 만에 피아노 치는 DNA가 진화했을까? 아니면 특별한 피아노 유전자가 변이를 일으켜서 전 세계적으로 피아노 수준을 업그레이드시켰을까? 답은 문화 또는 피아노 치는 교습법의 변화에서 찾을 수 있을 것이다.

뇌세포의 연결 조합에 주목하라

재능은 머릿속 어디에 있을까? 내가 기억을 한다고 했을 때 나의 뇌 어디에 기억이 저장되는 것일까? 축구 연습을 하면 축구 실력이 향상된다. 농구 연습을 하면 농구 실력이 향상된다. 수학 공부를 하면 수학 실력이 향상된다. 영어 단어를 공부하면 단어가 외워진다. 머릿속 두뇌의 어디에 저장되는 것일까? 나는 어떻게 이런 기술을 익히고, 또한 여러 가지 내용을 알게 되는 것일까?

기억은 하나의 세포라기보다는 세포의 연결 고리이다. 서로 연결되어 함께 발화될 때 하나의 기억이 만들어진다. 즉 뇌세포의 연결, 시냅스가 기억의 실체인 것이다.

다음 그림처럼 A라는 기억과 B라는 기억, C라는 기억은 비슷한 세포들의 서로 다른 조합으로 이루어진다. 사람, 사진기라는 단어를 예로 들어보면, '사'자를 나타내는 뇌세포를 공유하는 서로 다른 세포 조합이 될 것이다. 사과와 'apple'은 다른 말처럼 보이지만 우리 머릿속에서는 같은 심상을 갖는다. 상당 부분 같은 시냅스를 공유하기에 우리는 'apple'이라는 단어를 보면 사과의 심상을 떠올리게 된다. 또 'apple'에는 사람들 개개인마다 일정 부분 다른 심상과 공유된 세포도 있을 수 있다. 사과를 먹고 아팠던 경험 또는 사과를 매일 깎아주시던 할머니의 기억이 함께 공유되고 있을 수도 있다.

아기가 처음 말을 배울 때 엄마, 아빠를 배운다. 아니 그보다 더

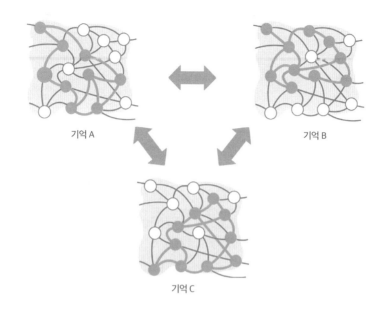

기억 A   기억 B

기억 C

기억은 세포의 연결 고리이다. 기억 A, 기억 B, 기억 C는 서로 비슷한 세포들의 서로 다른 조합이다.

먼저는 맘마, 빠빠 정도를 배운다. 이를 정확히 배우고 나서 이를 이용해서 더 정교한 여러 가지 단어를 배워나간다. 그리고 두 단어 문장, 세 단어 문장을 익힌다. 기존의 시냅스를 이용하여 배우고, 배우면서 기존 시냅스는 정교해진다. 음악을 배울 때도 비슷하다. 도와 레의 차이를 인식해야 도와 도샤프(C#)의 음을 따로 인식할 수 있다. 도와 레의 시냅스를 이용하여 배우고, 도와 레는 더 정교해져서 도와 도샤프를 구분할 수 있는 시냅스로 정교해지게 된다.

족구와 축구를 떠올려보자. 족구라는 기술은 축구의 기술과 상당 부분 겹친다. 킥, 헤딩, 볼 트래핑 등 비슷한 기술을 공유한다. 축구 선수는 축구와 족구 사이의 비슷한 기술을 이용하여 족구를 잘할 수 있다. 족구라는 기억 A와 축구라는 기억 B는 상당 부분이 서로 같은 연결 조합을 필요로 하기 때문이다. 야구 선수 중에 투수 출신은 힘들지 않고도 골프를 잘 친다고 한다. 아마도 두 운동은 손과 팔의 운동과 감각을 공통으로 필요로 하기 때문일 것이다. 즉 두 운동이 필요로 하는 시냅스가 서로 많은 부분을 공유한다. 투수는 수많은 투구 연습을 하면서 만들어놓은 시냅스를 사용하기 때문에 골프를 쉽게 배울 수 있는 것이다.

재능이라는 부분도 비슷하게 생각할 수 있다. 다중지능 이론으로 유명한 하워드 가드너Howard Gardner는 7가지 영역의 지능이 있다고 주장했다. 각 영역은 언어, 운동, 감성, 공간, 논리, 관계, 자기 이해로 나뉜다. 이렇게 나눈 이유는 나뉜 지능들 간에 공유하는 시냅스가 적기 때문일 것이다.

이 중에서 운동 지능을 살펴보자. 운동 지능이란 무엇일까? 흔히 우리는 운동신경이라고도 부른다. 몸 감각, 균형, 동체시력, 공간에 대한 판단력 등을 골고루 말한다. 이러한 재능은 한 가지 시냅스가 아니라, 뇌 영역의 많은 부분에 걸쳐 있다.

운동에 필요한 신경 연결이 촘촘하면 운동을 배우기 쉽다. 하지만 반대로 특정한 운동을 열심히 연습하고 기량을 익히면 관련된 영역의 운동신경들이 좀좀해지고 단단해진다. 따라서 한 가지 운동을 잘했던 사람은 다른 운동에서도 잘하는 경우가 많다. 공을 다루는 운동을 잘하는 사람은 구기 운동을 잘하는 경우가 많다. 아마도 공을 다루는 공통적인 여러 뇌신경의 연결이 치밀하기 때문일 것이다.

언어 지능도 살펴보자. 언어 영역의 뇌 발달이 잘된 경우를 말한다. 언어 지능이 높으면 말을 잘하고, 어휘도 풍부하고, 글도 잘 읽고, 글을 잘 쓸 수 있다. 재능이라 부를 수 있겠다. 이와 더불어서 말을 열심히 하고, 다양한 어휘를 고민하고, 글을 읽고, 글을 쓰는 순간 언어 지능을 사용한다. 그리고 사용된 언어 지능은 이러한 자극에 의해서 확장되고 단단해진다.

우리는 시냅스다. 우리를 규정짓는 것은 한 개 한 개의 세포가 아니라 세포의 유기적인 연결, 즉 시냅스다.

시냅스 연결의 예

글을 읽는다는 단순한 행위에는 다양한 뇌신경의 연결이 필요하다. '소리내어 읽기'에 어떤 뇌신경 연결이 필요한지를 잠시 살펴보자.

검은 잉크의 모양을 본다. 망막에 맺힌 빛이 시신경을 타고 뇌의 시각 영역을 자극한다. 시각적으로 분석하는 시냅스를 쓴다. 모양을 인식하고 나서 좌측 뇌의 언어 영역으로 연결된다. 언어 영역에서 음소, 동사, 조사 등의 시냅스를 사용하여 의미와 발음을 파

익힌다. 운동 영역으로 보내져 정확한 입 모양, 혀 모양, 발성 등을 소뇌 시냅스(미묘한 운동조절)의 도움을 받아 소리를 낸다.

글을 읽는 연습을 한다는 것은 바로 이러한 연결을 빠르고 정확하게 하도록 연습하는 것이다. 반복을 통해 시냅스가 장기기억(시냅스의 연결)으로 변화되어 순간적으로 글을 읽을 수 있는 것이다. 글을 읽는 기술은 많은 두뇌 속 연결을 순간적으로 사용하는 행위이다. 이러한 연결을 수없이 반복해서, 어느 순간부터는 거의 의식하지 않아도 순간적으로 글을 읽을 수 있는 수준이 되는 것이다.

열심히 연습한 결과 우리는 거의 무의식적으로 글씨를 읽을 수 있게 된다. 글씨를 보는 순간 발음을 하게 되고 거의 힘들이지 않고 읽을 수 있는 능력을 가지게 된다. 오랜 연습으로 시냅스의 가지가 많이 생겼기 때문에 글을 읽는 능력이 빠르고 효율적으로 변한 것이다.

우리는 처음에 더듬더듬 책을 읽었다. 하지만 수년간, 수십 년간의 연습으로 유창하게 책을 읽을 수 있다. 이제는 꽤나 빠른 속도로 읽기도 한다.

재능은 관련된 시냅스의 치밀함이다

재능이 있다는 이들은 운이 좋게도 관련된 시냅스가 치밀한 것이다. 노력이건 환경이건 우리보다 시냅스가 치밀한 것이다. 안타깝지만 우리는 그들보다 시냅스가 치밀하지 못하기에 재능이 출중하지 못한 것이다.

태어날 때부터, 어릴 적 환경 때문에 관련된 뇌 영역이 촘촘할 수도 있고, 또는 성길 수도 있다. 뇌세포가 자랄 때 필요한 호르몬 때문일 수도 있다. 뇌세포가 가지를 칠 때 때마침 필요했던 단백질 공급과 관련될 수도 있다. 안타깝게도 엄마 뱃속에서 좋지 않은 물질과 접촉했기 때문일 수도 있다. 다양한 원인으로 머릿속 시냅스의 치밀함 정도에 차이가 생길 수 있다.

재능이란 자의든 타의든, 문화든 노력이든, 운 좋게도 머릿속에 관련된 뇌세포의 연결이 많은 것이다. 우리는 무엇인가를 배우거나 익힐 때 기존의 시냅스를 이용하여 배운다. 기존에 아는 것이 있어야 새롭게 다른 것을 배워서 붙일 수 있다. 그리고 배우고 익히면서 기존의 것은 확장된다. 즉 자극된 시냅스가 더 치밀해지고, 단단해지는 것이다. 재능은 배움을 위하여 이용되고, 동시에 배움에 의하여 확장된다. 재능은 뇌세포의 연결이 확장된 상태이다. 재능을 넘기 위해서, 재능을 확장시키기 위해서는 뇌세포의 연결에 가장 중요한 요소를 이해할 필요가 있다.

관련된 영역의 시냅스를 만들기 위해서는 무엇을 어떻게 해야 할 것인가? 우리가 할 수 있는 것은 무엇이고, 포기해야 할 것은 무엇인가? 자, 이제 우리가 집중해야 할 노력에 초점을 모아보자. 목표와 관련한 시냅스를 촘촘히 하도록 노력을 해야 하는 것이다.

지금은 그들보다 시냅스가 촘촘하지 못하지만 그들의 머릿속 연습 시간을 따라잡는다면 그들만큼 시냅스를 촘촘하게 만들 수 있다. 그들의 시냅스를 따라잡을 수 있는 유전자를 가지고 있기 때문이다.

뇌세포의 연결을 위해서는 반복이 필요하다

『아웃라이어』의 저자 말콤 글래드웰Malcolm Gladwell은 1만 시간을 연습해야 아웃라이어(outlier), 즉 정상을 벗어나는 탁월한 성취자가 될 수 있다고 이야기한다. 『재능은 어떻게 단련되는가』의 저자 제프 콜빈은 연습을 하되 '신중하게 계획된 연습'을 해야 한다고 주장한다. 같은 양의 연습을 하더라도 자신의 문제점을 보완할 수 있는 연습을 디자인해야 한다는 것이다. 여기에 하나를 덧붙이고 싶다.

"신중하게 계획된 연습을 오랜 기간 동안 자주자주 반복하면 최고가 될 수 있다."

이 책에서는 자주 반복하는 것이 왜 중요하고, 열심히 연습하는 것이 왜 중요한지를 계속 반복해서 강조할 것이다. 반복해야 기억이, 시냅스가 완성되기 때문이다.

재능은 시냅스의 조합이다. 시냅스의 연결 원리를 알고 다양하게 조합하면 재능은 확장된다. 신중하게 계획된 연습은 재능이 완성되기 위해 필요한 시냅스를 분석하여 타깃팅하고, 반복된 연습은 뇌신경의 DNA를 자극하여 시냅스를 늘리고, 단단하게 연결시킬 것이다. 문제점을 극복할 수 있도록 연습의 시스템을 디자인하여야 한다. 이것이 단련의, 연습의 핵심이 된다.

이제는 반복을 할 때 뇌세포의 연결, 즉 시냅스가 튼튼해지는 원
리를 살펴보자. 원리를 알아야 적용은 넓어지고, 한계는 명확해지
기 때문이다. 적용과 한계를 알아야 진정한 믿음도 생길 수 있다.

뇌는 자극과
반응에 반응한다

단기기억이 장기기억이 되려면

신경세포와 신경세포는 서로 시냅스로 연결되어 있다. 시냅스는 세포 사이의 서로 떨어져 있는 부위를 말하고, 이곳에서 신경세포의 전기신호가 화학신호로 바뀌어서 전해진다. 흔히 신경세포를 전선에 비유한다. 정보는 전선을 타고 오다가 전선 끝에서는 특정 화학물질을 분비하면서 다음 전선으로 전달된다. 즉 다음 전선을 발화시켜서 전기가 이어지게 된다. 전선과 전선 사이를 시냅스라고 부르고, 전선과 전선 사이에 분비되는 특정물질을 신경전달물질이라고 부른다.

신경세포가 발화되고 나면 일정 기간 동안 자극에 대한 민감화

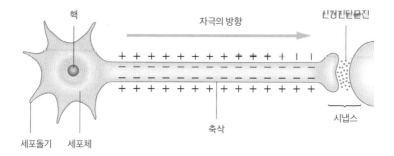

핵

자극의 방향

신경전달물질

\+ \+ \+ \+ \+ \+ \+ \+ \+ \+ \+ \+ \+ \+ ｜ ｜

\+ \+ \+ \+ \+ \+ \+ ｜ \+ \+ \+ \+ \+ \+ \+

시냅스

축삭

세포돌기　세포체

신경세포와 신경세포는 서로 시냅스로 연결되어 있으며, 정보는 시냅스 사이에 신경전달물질이 분비되면서 전달된다.

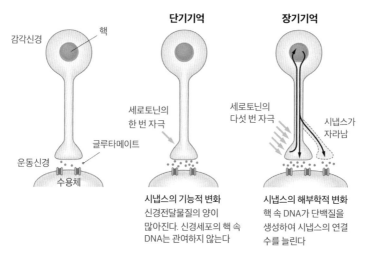

감각신경　핵

단기기억

장기기억

세로토닌의
한 번 자극

세로토닌의
다섯 번 자극

시냅스가
자라남

운동신경　글루타메이트

수용체

시냅스의 기능적 변화
신경전달물질의 양이
많아진다. 신경세포의 핵 속
DNA는 관여하지 않는다

시냅스의 해부학적 변화
핵 속 DNA가 단백질을
생성하여 시냅스의 연결
수를 늘린다

여러 번 자극되면 신경세포의 연결이 많아지고, 확고해지며, 이런 현상이 수일에서 수주가량 지속되면 장기기억이 된다.

가 일어난다. 즉 한 번 사극되고 나면 다음 번 자극될 때는 시냅스로 분비되는 신경전달물질의 양이 증가하게 되는데 짧게는 수분, 길게는 수시간 지속된다고 하며, 일정 시간이 지난 이후에는 다시 비슷한 수준으로 돌아오게 된다. 이런 단기적인 민감화가 바로 세포 수준의 단기기억*이 된다. 만약 여러 번 주기적인 자극이 반복된다면, 핵 속에서 CREB-1(크렙-1)이라는 물질을 활성화시키고, 이어서, CREB-1은 유전자를 발현해서 세포막을 생성시키는 단백질을 만들며, 결국 시냅스가 성장하게 된다. 즉 여러 번 자극하였을 때 신경세포의 연결이 많아지고, 확고해지게 된다. 이런 현상은 수일에서 수주가량 지속되고, 이것이 세포 수준에서의 장기기억이 된다. 주기적으로 반복하였을 경우 세포 사이의 시냅스가 증가하고 해부학적·물질적인 변화가 일어난다.*

주기적 반복 자극은 세포의 연결(시냅스)을 강화한다

주기적 반복이라는 개념은 신경세포의 시냅스 형성에 가장 중요하다. 지금 이 책을 이해하는 가장 중요한 개념이다. 아주 중요하다. 주기적으로 반복하면 기억이, 신경세포의 연결이 단단해진다. 이 책을 이해하는 데 가장 중요한 내용이므로 책 전체에서 '주기적'으로 반복할 것이다. 한 번 공부하면 세포의 단기기억을 자극하는 것이다. 수차례 여러 번에 걸쳐 공부해야 장기기억으로 남는다.

유전자(본성)는 환경(양육)을 통하여 완성되는 것이다. 바꿔보면 배우고 익힐 수 있는 것도 유전자 덕분이다. 양육과 본성은 서로 엉킨 실타래처럼 서로를 필요로 하고 또한 서로를 자극하며 완성된다.

단기기억과 장기기억의 세포 수준의 이해는 연습의 기본이다

단기기억은 단발성으로 끝난다. 하지만 장기기억은 오래간다. 우리의 연습 목표는 장기기억을 만드는 것이라고 보면 된다. 그렇다면 필요한 연습 방법은 무엇일까? 자주자주 주기적으로 일정 시간을 두며 연습을 해야 하는 것이다.

　다시 한번 강조한다. 이 책의 기본 테마이며, 연습의 기본이다. "자주 주기적으로 반복하라. 세포의 해부학적 연결을 이루어라."

뇌는 역동적으로 변화한다

신경가소성이란, 신경세포의 기능이 고정되어 있지 않고 더 분화하고 발달한다는 뜻이다. 오랜 세월 동안 과학자들은 뇌신경은 고정되어 있고 더 이상 분화하지 않는다고 생각했다. 하지만 이런 생각들은 최근 뇌과학의 발달로 다시 정립되었다. 뇌는 역동성을 바탕으로 평생을 재배열한다. 연습의 목표는 뇌세포의 변화다. 연습

의 한계와 방법을 고민하기 위해서 잠시 뇌를 더 살펴보자.

뇌가소성의 원리 세 가지

하나. 신경세포의 발생 이전 뇌과학자들은 뇌세포는 다시 발생하지 않는다고 생각했지만 여러 연구를 통하여 신경세포가 새로이 발생할 수 있는 것으로 밝혀졌다.

둘. 신경세포의 역할 변화 신경세포는 역할을 바꿀 수 있다. 시각을 담당하던 세포는 시각 자극이 지속되지 않을 경우 역할을 바꿀 수 있다. 점자를 인식하는 세포가 된다든지, 청각 영역으로 바뀐다든지, 주어진 자극에 의하여 새롭게 쓰임새를 만들게 된다. 만약 엄지손가락이 잘려서 감각 자극이 없을 경우에 바로 옆의 검지손가락 자극이 엄지손가락 뇌 영역을 차지하게 된다. 이러한 변신은 꽤 빠르고 신속하게 이루어진다.

셋. 신경세포의 시냅스 수 증가 자극이 지속적으로 반복될 경우 세포와 세포의 연결이 단단해진다. 즉 시냅스의 수가 많아지고 치밀해져서 자극의 흐름이 빠르고 견고해진다. 이러한 변화는 신경세포의 핵 속에 있는 DNA를 자극하고 단백질을 합성해야 하기 때문에 위에서의 두 번째 원리 '신경세포의 역할 변화'보다 느리고 더디다.

연습을 통한 뇌 변화

원숭이가 손끝을 이용하여 원반을 돌리기 연습을 한다. 연습은 매일매일 일정한 시간을 갖고 연습한다. 연습하면 처음에는 연습하는 손가락 끝 부분의 뇌 영역이 확장한다. 옆의 손가락 영역을 침범하여 땅따먹기를 하는 것이다. 이후 지속적으로 연습을 진행하면 다시 영역은 본래 그기 정도로 돌아온다. 그 이유는 아마도 세포끼리의 연결, 즉 시냅스 수가 많아지고, 미엘린이라는 절연물질이 세포를 감싸면서 효율성이 증가했기 때문일 것이다. 물론 더 지속적으로 자극을 주고, 연습하면 영역도 커지고, 같은 영역 안의 시냅스 밀도도 치밀해지게 된다.

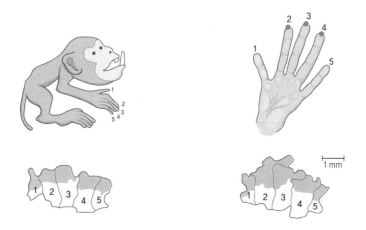

원숭이에게 수개월 동안 2, 3, 4번째 손가락 끝을 이용한 과제를 연습시키면, 원숭이의 2, 3, 4번째 손가락 감각과 운동이 예민해진다. 뇌피질 영역 중에 2, 3, 4번째 손가락 끝의 감각과 운동 영역(파란 부분)이 확장되고, 시냅스가 치밀해지기 때문이다.

처음에 영역이 확대될 때는 신경세포의 역할이 바뀌고, 이후에 지속적으로 자극되면, DNA를 자극하여 세포끼리의 연결 자체가 치밀해지고 견고해진다. 연습의 목표는 앞에 소개한 뇌가소성의 세 번째 원리인 세포끼리 연결이 공고해지는 것을 목표로 해야 한다. 오래가는 진짜 실력이 새겨지는 것이다.

시냅스 수는 줄어들거나 늘어난다
시냅스의 연결 방법으로는 습관화, 민감화, 고전적 조건화 등이 있다.* 이러한 연결이 다양하게 반복되고, 조합되어 뇌세포가 서로 이어진다.

연습량이 미엘린을 늘린다

1985년 마리안 다이아몬드Marian Diamond 박사는 세기의 천재 아인슈타인의 뇌를 해부하여 현미경으로 관찰한다. 관찰 결과, 좌측 하부 두정엽의 뇌신경세포 수는 평균 수준이며, 대신 아교세포의 수가 상당히 많다고 발표한다. 아교세포의 역할 중 하나는 뇌신경세포의 축삭을 감싸는 미엘린myelin을 만드는 것이다. 미엘린은 뇌세포라는 전기선에 전기가 잘 흐르도록 감싸는 역할을 한다. 전선의 피복 같은 일을 한다.

미국국립보건원 산하 발달신경생물학연구소 소장인 더글러스

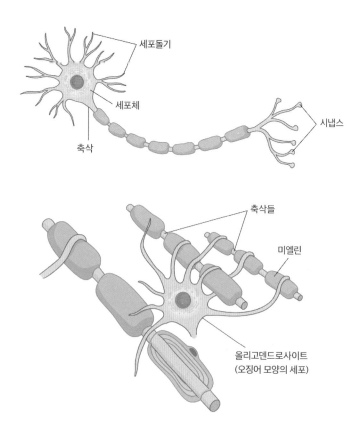

세포돌기

세포체

축삭

시냅스

축삭들

미엘린

올리고덴드로사이트
(오징어 모양의 세포)

미엘린은 전기의 전송속도를 빠르게 하고, 정확도와 타이밍을 좋게 해준다.

필즈Douglas Fields 박사와 UCLA의 신경학과 교수인 조지 바조키스 George Bartzokis 박사는 뇌세포와 그 시냅스가 매우 중요하지만, 더불어서 절연물질로만 알고 있던 미엘린 또한 만만치 않게 중요하다고 말한다. 달팽이와 초파리에게는 미엘린이 없다. 척추동물만이 유일하게 신경섬유를 감싸는 미엘린을 가지고 있다. 침팬지와 원숭이가 사람과 구별되는 이유는 바로 미엘린의 양이다. 필즈 박사와 바조키스 박사는 미엘린이 사람에게 필요한 수준 높은 사고와 작업속도, 정확도를 충족시켜주기 때문이라 주장한다. 흔하게 이야기하는 모든 기술 습득의 비밀이 숨어 있다고도 이야기한다. 글을 읽든, 골프를 치든, 노래를 배우든 연습이 완벽을 만드는 이유를 이 하얀색 절연물질로 설명할 수 있다는 것이다. 미엘린의 역할은 아래 세 가지로 얘기할 수 있다.

1. 전기의 전송속도를 약 100배까지 빠르게 한다.
2. 세포에 한 번 전기가 통하고 나면 다음 번 전기가 통하기 위해서는 쉬는 시간을 가져야 한다. 이러한 쉬는 시간, 즉 불응기를 약 30분의 1 정도 줄인다. 그러면 신경세포가 덜 쉬고 일할 수 있다.
3. 미엘린은 속도뿐만 아니라 정확도, 타이밍도 좋게 해준다. 만약 두 개의 세포가 하나의 세포에 정확히 동시에 자극을 주어야 한다면 이는 속도보다는 타이밍 싸움이 된다. 두 사람이 무거운 물건을 들 때 하나, 둘, 셋 하면서 동시에 들어야 물건이

들리는 것처럼 정확도가 중요한 순간이 있다.

미엘린은 위의 메커니즘을 통해 약 3000배(100×30) 정도 뇌세포의 정보처리 능력을 업그레이드시킨다. 미엘린은 올리고덴드로사이트 oligodendrocyte라 부르는 오징어 모양의 세포가 뇌세포 축삭을 감싸면서 만들어진다. 뇌세포가 발화되면 오징어 모양의 세포는 촉수를 뻗어 축삭을 돌돌 말아서 감싼다. 오징어가 마치 막대기를 말아쥐듯이 여러 겹으로 겹쳐지게 된다. 뇌세포가 정확하게 신호를 쏘아 올릴 때마다 오징어는 이에 반응하여 많게는 50번 정도까지 돌돌 말려 돌아간다. 마치 양파 껍질처럼 여러 겹으로 돌돌 감싼다. 오징어 모양의 세포가 지닌 특징은 다음과 같다.

1. 정확한 신호를 필요로 한다. 발화된 신경세포를 말아올린다.
2. 모든 기술에 적용될 수 있다. 즉, 골프, 책 읽기, 축구, 어휘력 등 어쩌면 전혀 상관없어 보이는 능력에 공통된 메커니즘이다.
3. 나이가 중요하다. 30대까지는 미엘린이 부쩍부쩍 늘어나고, 50대부터는 줄어들기 시작한다. 감사한 점은 오징어 모양을 지닌 세포의 5퍼센트 정도는 미성숙하게 존재한다는 것이다. 나이가 들어도 언제든지 미엘린을 만드는 일에 이들을 동원할 수 있다. 하지만 나이가 들면 어릴 때에 비해 쉽지 않다. 이유는 미엘린층을 만들기 위한 노력과 시간이 더 많이 필요하기 때문이라고 한다.

시냅스를 늘리는 장기기억과의 공통점이 느껴지지 않는가? 공통점 세 가지를 요약해보자.

1. 정확한 신호가 필요하다.
2. 서서히 변화한다.
3. 변화하면 오래간다.

연습은 시냅스의 변화를 만든다. 세포를 제대로 잘 감싸주어야 오래가는 진짜 실력이 된다. 시냅스가 가지를 뻗고, 오징어 모양의 세포가 뇌세포를 감싸기 위해서는 정확한 신호가 필수다. 그리고 또 하나, 여러 번에 걸친 장기간의 자극이 필요하다. 변화는 서서히 일어나기 때문이다. 연습은 목표 세포를 오랜 기간 자주 정확하게 자극하는 것이다.

얼마나 자주 자극을 줘야 하는가?

꾸준히, 자주, 주기적으로

연습은 어떻게 해야 하는가? 느낌이 오는가? 연습은 꾸준히, 여러 날에 걸쳐서, 자주자주 해야 한다.[*] 머릿속에 남는 연습은 하루에 몰아치기로 하는 연습이 아니다. 꾸준히, 자주, 주기적으로 연습해야 한다. 이는 연습의 효율성을 이해하는 데 굉장히 중요한 사항이므로 꼭 염두에 두어야 한다. 토끼의 연습보다 거북이 연습이 더 효과적일 수 있는 것이다.

매일 꾸준히 연습하라

매일 꾸준히 하는 연습은 장기기억으로 갈 확률이 높아진다. 연습의 기본은 약점을 찾고, 피드백을 만들어서, 반복을 유지하는 것이다. 이때 목표를 잘게 쪼개는 것이 중요하다.

한 가지 약점을 파악하고, 피드백을 만들어서, 반복을 한다. 원하는 시냅스가 생성되었다면 다음은 또 다른 약점을 잡고, 피드백을 받으면서 반복해야 한다. 또 다음은 무엇인가? 또 다른 약점을 잡고, 피드백을 받으면서 반복량을 채워나가야 한다. 너무 지루한가? 다 아는 내용인가? 하지만 어쩌겠는가? 그 과정을 뛰어넘을 수 없다. 그 과정은 우리가 수십억 년의 진화를 거치며 완성된 작품이다. 학습을 하는 모든 동물들이 머릿속에서 반드시 거쳐야 할 운명이다. 더불어 왜 반복해야 하는지를 알고 연습하는 것은 중요하다. 이를 알아야 응용이 가능하기 때문이다. 그리고 이러한 과정을 꼭 거쳐야 한다는 것을 인정하는 것도 중요하다. 동물의 모든 학습 과정에 반복이 필요하다는 것을 인정해야 제대로 고민하게 된다. 반복하지 않고 배우는 것을 고민하는 것이 아닌, 더 자주 더 효과적으로 반복하는 것을 고민하게 된다. 고민의 초점이 달라지기 때문이다.

간격 학습을 하라

연습과 연습 사이는 10~20분 정도의 간격이 있으면 장기 기억으로 갈 확률이 높아진다. 연습과 연습 사이에는 일정한 휴식의 시간이 있어야, 즉 간격 학습spaced training이어야 장기기억화되기 쉽다. 달팽이, 꿀벌, 쥐, 사람을 대상으로 한 실험에서 일정한 휴식을 하면서 자극을 주는 경우가 장기기억화될 확률이 높다고 한다. 실험실, 심리학적 연구* 모두에서 연습 사이사이에 휴식이 있을 때 휴식 없이 연습하는 것보다 장기기억화될 확률이 높다고 한다.

세포 수준으로 관찰해보자. 실험실에서는 하나의 세포를 자극할 때 보통 2시간 동안 5번의 자극을 주고 시냅스의 형성을 관찰하는 실험이 많다. 다시 말하면 1시간 동안 3번, 약 15~20분 간격을 말한다. 세포 수준으로는 시냅스가 형성되기 위해서, 즉 장기기억화되기 위해서는 20분 정도의 간격이면 효과적일 듯하다. 정확한 이유는 아직 밝혀지지 않았지만, 자극을 주고 바로 자극을 이어서 주는 것보다 일정한 간격을 두고 자극을 주어야 더 효과적이라고 한다. CREB 단백질의 농도가 더 올라가고 그에 따라서 시냅스가 형성될 확률이 올라간다고 한다. 이에 대한 이유는 과학적으로 조금 더 밝혀져야 할 부분이다.

장기기억을 하기 위해서는 간헐적, 주기적 자극이 중요하다. 약 2시간 동안 5번 정도의 자극을 주었을 때 세포 내 환상 AMP의 물질이 쌓인다. 이어서 단백질 키나아제 A의 활성소단위

또한 시간적·공간적으로 확산하게 된다. 결국 핵 근처까지 도달하여 핵공을 통과한다. 그리고 CREB-1(크랩-1) 단백질이 만들어진다. 이 CREB-1 단백질은 시냅스를 만드는 DNA 특정 부분을 자극한다. 우리 세포의 DNA에는 수많은 공장라인이 있는데, 이 CREB-1 단백질은 시냅스를 만드는 공장라인의 작동 스위치를 켜는 역할을 하는 것이다.

다시 요약해보자. 일정 시간 동안 세포가 수차례 자극을 받는다. 특정물질(단백질 키나아제 A)이 세포 내에 쌓여서 세포핵 속까지 도달한다. DNA가 자극되고 시냅스가 형성된다. 만약 자극이 한 번으로 끝나면 특정물질(단백질 키나아제 A)이 세포 내에 쌓이지 못하기 때문에 핵까지 확산되기 어렵다. 장기기억이 만들어지지 못하는 것이다.

너무도 중요하기에 또 다시 요약해보자. 반복과 노력은 세포 내에 특정물질을 쌓이도록 만든다. 연습의 핵심은 특정물질의 세포 내 농도가 쌓여서 핵까지 확산되는 상태를 만드는 것이다. 결국 핵까지 확산된 특정물질은 유전자를 자극하여 장기기억으로 머릿속에 자리하게 된다.

맑은 물이 담긴 유리컵에 잉크 한 방울을 떨어뜨려보자. 또 한 방울 떨어뜨려보자. 잉크는 점점 유리컵 전체로 퍼져나갈 것이다. 우리가 연습을 반복하면 마치 유리컵에 잉크를 한 방울씩 떨어뜨리는 것 같은 효과를 내어 점점 세포 내 물질이 쌓여간다. 이내 물질은 농도가 진해지고 점점 확산되어 핵 속까지 들어가게 된다. 바로 우리가 연습하는 이유이다. 특정물질 농도를 높여서 핵 속에 단백질 키나아제 A를 집어넣어야 하는 것이다.

지금까지 몇 차례 반복해서 요약했다. 어려운 내용이지만 너무도 중요한 내용이므로 반복, 반복, 또 반복했다.

"주기적 반복이 시냅스를 연결한다." 한 번 이야기했을 때보다는 머릿속에 오래 남을 것이다. 이에 대한 기억의 DNA가 자극되어 시냅스가 단단해졌기 때문이다.

더불어서 생각해보자. 나는 몰입이 최고의 연습이라고 생각한다. 의식을 목표로 가득 채우는 상태, 목표를 향하여 생각하고 생각하는 상태, 목표를 향하여 연습하고 연습하는 상태가 몰입이다. 그러면 지금 말한 간헐적으로 연습하라는 말과는 서로 상충되는 말일까? 꼭 그렇지는 않다. 간헐적이라는 말은 세포 하나하나의 연결을 기본으로 이야기한 것이다. 한 개의 세포에서 첫 번째 자극이 주어지고 나서 두 번째 자극이 주어지는 시간 간격이 약 15분 정도 되면 장기기억이 될 확률이 높아진다는 말이다. 우리가 한 가지를 지속적으로 생각한다고 해도 한 가지 신경의 연결을 계속 자극한다고 할 수는 없을 것 같다. 엄청나게 많은 뇌세포의 연결이 있다. 몰입으로 열심히 자극을 주어야만 장기기억으로 남을 가능성이 많아지는 것이다.

어려운 뇌 공부를 마쳤다. 여기까지 읽느라 수고가 참 많았다. 연습의 기본기를 알기 위해 알아야 할 것들을 정리해보았다. 이제는 조금 쉽게 접근할 수 있는 부분일 것이다. 가끔 어려운 내용이 나오기는 할 테지만 끈기를 잃지 않았으면 좋겠다. 이제는 이러한 뇌과학을 연습에 적용해보자. 시냅스의 조합을 만들기 위해서 나름의 연습을 설계해보았다. 다음에 나오는 내용은 나의 생각이고, 제안이다. 완벽한 정답은 아니다. 하나의 참고로 보면 되겠다. 하지만 과학을 바탕으로 제안하는 것이니, 도움이 되리라 믿는다. 자, 이제 연습을 설계해보자.

2부 ● **뇌를 변화시키는
연습법**

크랩CREB을 기억하라

뇌를 바꾸는 연습법, 크랩CREB

어떻게 연습하면 가장 효과적일까? 중간에 그만두지 않고 계속 해나갈 수 있는 방법이 있다면 무엇일까?

앞서 언급했듯이, 반복과 노력은 세포 내에 특정물질을 쌓이도록 만든다. 연습의 핵심은 특정물질의 세포 내 농도가 쌓여서 핵까지 확산되는 상태를 만드는 것이다. 결국 핵까지 확산된 특정 물질은 DNA를 자극하는 CREB-1이라는 단백질을 자극하여 장기기억으로 머릿속에 자리하게 된다. 뇌를 바꾸는 건 바로 이런 작은 성공들(Small Wins)이다. 그리고 이런 작은 성공들로 우리는 원하는 것을 얻을 수 있다.

원리는 간단하다. 뇌를 바꾸려면, 반복과 노력으로 CREB-1 단백질을 자극하면 된다. 자주, 꾸준히, 즐겁게 '반복'과 '노력'을 가능하게 하는 원칙은 다음의 네 가지로 압축할 수 있다.

CREB 원칙 1. 작게 쪼개라(Cut)
CREB 원칙 2. 자주, 꾸준히, 반복하라(Repeat)
CREB 원칙 3. 감정을 담아라(Emotion)
CREB 원칙 4. 자신을 믿어라(Belief)

이 네 가지를 머릿속에 담아둔 다음, 연습 시스템을 정교하게 다듬는다면, 스스로 놀랄 만한 성과를 손에 쥘 수 있을 것이다.

이들 네 가지 원칙을 과학적으로 살펴보기 전에, 연습을 위한 기

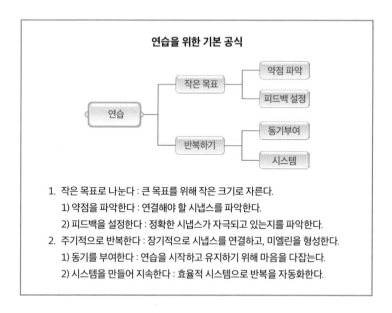

1. 작은 목표로 나눈다 : 큰 목표를 위해 작은 크기로 자른다.
   1) 약점을 파악한다 : 연결해야 할 시냅스를 파악한다.
   2) 피드백을 설정한다 : 정확한 시냅스가 자극되고 있는지를 파악한다.
2. 주기적으로 반복한다 : 장기적으로 시냅스를 연결하고, 미엘린을 형성한다.
   1) 동기를 부여한다 : 연습을 시작하고 유지하기 위해 마음을 다잡는다.
   2) 시스템을 만들어 지속한다 : 효율적 시스템으로 반복을 자동화한다.

본 공식을 미리 공개하자면 아래와 같다. 뇌신경과학자로서 자신감 있게 말할 수 있는데, 두고두고 도움이 될 만한 공식이라 확신한다.

요약하자면 이렇다. "목표로 하는 것을 작은 덩어리로 쪼개고, 피드백을 받아서 무한히 반복한다. 이를 위해서 자신의 내적 동기를 살피고, 연습 시스템을 구축한다."

미리 말해두자면, 연습으로 이루고자 하는 목표가 있다면, 항상 연습이 제대로 이루지고 있는지 스스로를 점검해야 한다. 가장 먼저, 작은 목표로 나누었는지, 반복을 최대화하고 있는지를 점검한다. 또 작은 목표는 약점을 향하고 있는지, 빠르고 정확한 피드백이 이루어지고 있는지를 점검한다. 동기부여가 잘 되고 있는지를 확인하고, 이러한 과정이 일회성으로 끝나지 않고 하나의 시스템으로 자동화될 수 있도록 여러 가지를 고민해야 한다. 이런 연습을 통해 작은 성공들이 쌓이면, 큰 목표에 도달한 자신을 발견할 수 있게 될 것이다.

영어 공부를 할 때도 작은 목표를 세우고 반복해야 한다. 최종적으로 어느 수준을 목표로 하는가? 그에 따른 약점은 무엇인가? 특정 발음이 안 들리는가? 해석이 안 되는 것인가? 약점을 파악하고 피드백을 받으면서 반복한다. 인생에 영어 공부가 진짜로 필요하다고 스스로 느끼는지를 진지하게 고민할 필요가 있다. 동기가 확고하다면, 자동화된 연습 시스템을 구축할 수 있도록 여러 아이디어를 모으고 직접 시도해본다.

약점, 피드백, 동기부여, 시스템. 어떠한 연습이든 이것들을 항상 염두에 두어야 한다. 약점을 파악해서 초점화된 연습을 하고 있는지, 피드백이 빠르고 정확하게 세팅되어 있는지, 연습을 중요하게 생각하고 있는지, 스스로 즐겁게 반복해서 연습하고 있는지 등을 살펴야 한다. 다음의 표는 연습 시스템이 잘 설계됐는지를 체크하는 데 도움이 될 것이다.

1. 작은 목표로 나눈다 : 큰 목표를 위해 작은 크기로 자른다.
   1) 약점을 파악한다 : 최종 목표를 명확히 알고, 현재 상태와의 차이를 비교하여 분석한다.
   2) 피드백을 설정한다 : 목표한 것이 제대로 이루어지고 있는지를 확인하고 분석한다.
2. 주기적으로 반복한다 : 반복을 최대화한다.
   1) 동기를 부여한다 : 몰입의 요소를 정확히 알고 적용하며, 스스로의 마음가짐을 살핀다.
   2) 시스템을 만들어 지속한다 : 반복을 최대화할 수 있는 시스템을 찾아서 자동화한다.

다음에 이어질 내용들은 위의 '연습 공식'을 제안하기 위한 뇌과학적 원칙에 대한 배경 설명들이다. 장황하지만 미리 숲을 보고, 지도를 손에 들어가면 길을 잃지 않으리라 믿는다.

작게 쪼개라 Cut

목표를 잘게 나누어라

모든 연습에는 과정이 있다. 한 번에 한 입씩 먹어야 한다. 천 리 길을 가려면 첫걸음을 떼고 두 번째, 세 번째 걸음을 계속 떼야 하는 것이다. 작은 목표를 향해 한 발씩 따라가다 보면 큰 목표에 한껏 다가가 있을 것이다.

테니스를 보자. 테니스의 목표는 단순하다. 상대의 코트에 공을 떨어뜨리기. 하지만 단순한 목표를 위해 배워야 할 것들이 여러 가지다. 포핸드, 백핸드, 포발리, 백발리, 스매싱 등 이것들은 단순하지만은 않다. 포핸드도 모양에 따라 다양하게 나눌 수 있다. 높은 공, 낮은 공, 빠른 공, 느린 공, 스핀이 많이 걸린 공, 스트레이트 공, 슬라이스 공. 다양한 동작이 있으며, 동작마다 배우고 익혀야 한다. 포핸드의 스핀 동작을 보자. 공이 라켓에 닿기 바로 전부터 라켓은 올라가고 있어야 한다. 스핀이 걸린 공을 만들기 위해서는 스핀 감각을 익혀야 한다. 테니스 기술 중에서 가장 많이 사용하는, 아주 중요한 기술이다.

이 기술을 익힌다고 해보자. 특정 동작이 정확하게 나올 때와 그렇지 못할 때를 먼저 구분해야 한다. 감각으로 느낄 수 있다면 좋다. 정확하기만 하다면 가장 빠른 피드백이기 때문이다. 그렇지 않다면 이를 구분할 수 있는 방법을 고민해야 한다.

특정 동작에 대해 작은 목표를 설정하고 성공과 실패를 구분할 수 있도록 해야 한다. 아주 중요한 부분이다. 특히, 무의식적 기억은 맞다와 틀리다를 구분하는 것이 가장 중요하다. 성공과 실패를 구분하는 수단이 레슨 코치의 피드백일 수도 있고, 동작이 정확히 이루어지는지를 확인하는 동영상일 수도 있다. 피드백이 정확하게 설계되었다면 이후부터는 쉽다. 양으로 밀어붙이면 된다. 성공 확률이 높아지도록 반복하면 된다. 피드백이 빠르고, 정확하다면 성공 확률은 어떻게든 올라간다. 작은 성공들이 쌓이면 알게 모르게 실력이 쌓여간다.

영어 공부를 예로 들어보겠다. 자신의 병목 지점을 찾아야 한다. 그리고 가장 약하면서도 중요한 부분을 찾아야 한다. 영어를 나누어보자. 읽기, 쓰기, 말하기, 듣기 등이다. 듣기를 다시 뜯어보자. 왜 안 들리는가? r 발음인가? l 발음인가? 아니면 연음인가? 그것도 아니라면 문장 해석이 안 되는 것인가? 우리나라에 없는 발음이 문제일 수 있다. 익혀야 한다. r, l, v, f를 따로 떼어내서 반복해서 듣고, 또 발음해보아야 한다. 정확한 발음을 구분하고, 발음할 수 있을 때까지 여러 번 반복해서 장기기억을 만들어야 한다. 장기기억이 만들어지면, 의식적으로 집중하지 않아도 발음을 구분할 수 있고, 발음할 수 있는 수준이 된다. 연습량을 쌓아야 한다.

영어가 안 들리는 이유는 복합적이다. 자신의 약점이 무엇인지를 파악하고, 꾸준히 관련한 약점 시냅스를 연결해야 한다. 흔하게 주한미군방송 AFKN Korea를 틀어놓고 있으면 영어가 어느 순간 들린다고 한다. 하지만 단언컨대 몇 년을 들어도 안 들리는 것은 계속 안 들린다. 안 들리는 이유를 분석하고 이에 대하여 따로 작은 목표를 세워 피드백하면서 반복해야 한다. 그래야 의미 있는 연습이 되는 것이다.

단어도 마찬가지다. 단어가 문제라면 꾸준히 외워야 한다. 순간적으로 알 수 있도록 반복해야 한다. 반복하면 단어의 의미와 영어가 이어진다. 한국어의 단계를 거치지 않고 바로 시냅스가 이어지도록 연습량을 채워야 한다.

영어의 r 발음을 듣고 따라 읽기를 연습해보자. 만약 발음을 따라 하지 못한다면 다음을 생각해볼 수 있다. 귀의 기능이 떨어지지는 않는지, 청각 영역에 r 발음에 대한 인지가 어려운 것은 아닌지, 또는 r 발음을 내는 입모양을 만들기 어려운지 등을 말이다. 청각 영역에 r 발음 듣기가 문제인지, 운동 영역에 r 발음 연습이 되어 있지 않은 것인지를 알아야, 즉 각각의 약점을 구분해야 r 발음에 대한 연습 계획을 세울 수 있다. 무엇이 안 되는지를 섬세하게 파악해야 한다.

바둑은 어떤가? 바둑은 예로부터 지금까지 한 판 한 판이 서로 같은 경우가 없을 정도로 무한한 경우의 수가 나오는 놀이다. 하지만 중요한 패턴은 반복된다. 패턴을 연습히기 위해서 바둑 책에 나온 사례를 분석하는 것도 도움이 된다. 서로 다른 듯이 보이지만 중요한 몇 가지 원리와 사례를 이해하면 패턴을 알 수 있게 된다. 친구 중 하나는 바둑 책을 집 곳곳에 사서 뿌려놓고는 틈날 때마다 손에 쥐고 볼 수 있게 했다고 한다. 다양한 사례를 반복해서 보고, 패턴을 익혔던 것이다. 책을 통해서 맞다, 또는 틀리다라는 피드백을 받으면서 작은 목표를 반복한 것이다.

의사들은 증례토의라는 시간을 통해 간접 경험을 한다. 환자들의 증상을 기술하고 어떻게 접근해야 하는지를 묻는다. 또 감별해야 하는 질환을 묻고, 진단을 위한 검사를 묻는다. 치료에 대한 계획 등을 하나하나 미리 묻는다. 합당한 이유와 더불어서 각 단계별로 나름의 정답을 이야기해준다. 짧은 시간 동안 피드백을 받으며 간접적으로 경험하는 것이다. 하나하나 사례가 모이면서 한 질환에 대한 실력이 쌓여간다.

큰 덩어리를 작게 나누어라. 타깃팅할 수 있는 크기로 잘게 나누어 공략해라. 그리고 부족한 부분에 집중하라. 잘게 나누고, 반복하여 무의식적 수준이 되도록 연습량을 채워라. 관련된 시냅스가 촘촘하게 된다. 그 순간 재능은 정교해지고, 확장된다.

작은 목표를 세울 때의 유의점

연습할 때 작은 목표를 잡아야 한다. 작은 목표를 어떻게 설정하느냐가 연습의 효율성과 직결되기 때문에 조심스럽고, 깊게 고민해야 한다.

큰 목표를 향하라

당연한 이야기이지만 큰 목표를 향해야 한다. 항상 머릿속에 염두에 두도록 하자. 나는 지금 왜 이 책을 읽고 있는가? 나는 지금 왜 소중한 시간에 이렇게 글을 쓰고 있는가? 여러 가지 연습마다 큰 목표를 염두에 두어야 작은 목표가 삼천포로 가지 않는다. 인생의 목표가 중요한 이유이기도 하다.

피드백이 쉬워야 한다

피드백이 쉽다는 의미는 성공과 실패를 쉽게 알 수 있어야 한다는 말이다. 이 말은 작은 목표가 구체적이고, 명확해야 한다는 말이기도 하다. 만약 목표가 명확하지 않다면 성공인지 실패인지 가늠하기 어렵다. 성공 여부를 정확하게 바로 피드백할 수 있어야 한다. 때로는 피드백이 어려울 수도 있다. 이때가 가장 어렵고도 중요한 부분이다. 정확한 피드백이 연습의 질을 결정하기 때문이다. 아무리 연습을 많이 하더라도 옳지 않은 상태를 반복하는 것은 무익하다. 오히려 해가 될 수도 있다. 작은 목표가 성공했는지를 가늠할 수 있도록 피드백 방법을 깊이 고민해야 한다. 피드백이 명확하지 않다면 더 잘게 잘라서 더 작은 목표로 만들어야 한다.

잠시 예를 들어보겠다. 골프를 연습한다고 하자. 여러 가지 작은 목표가 있다. 스윙, 숏게임, 퍼팅 등. 퍼팅을 작은 목표로 했다면 전체 게임에서의 퍼팅 개수를 작은 목표로 세팅한다. 더 작게 잘라보자. 퍼팅은 숏퍼팅과 롱퍼팅으로 나뉜다. 숏퍼팅은 공이 반듯이 굴러가도록 하는 연습이 중요하다. 롱퍼팅은 몸에서 느끼는 거리감이 중요하다. 그린에서의 경사도를 읽는 능력도 퍼팅에서 중요하다. 또 하나, 긴장감을 극복하고 평정심을 유지하는 것도 중요하다. 작은 목표를 더 작게 자를 수 있다. 반듯하게 공을 굴리는 것을 목표로 한다면 반듯하게 공을 굴리는 연습을 해야 한다. 반듯하게 가고 있는지를 바로 피드백할 수 있고, 자주 반복할 수 있도록 연습을 세팅해야 한다. 그린에 자주 나가지 못하는 상황이라면 생활 속에서 연습량을 채울 수 있는 연습 세팅이 필요하다. 하루 3번씩 수분간 똑바로 공 굴리는 연습을 한다. 단 평평한 곳에서, 바닥에 줄을 반듯하게 그어놓고, 공이 똑바로 굴러가고 있는지를 바로바로 확인할 수 있도록 한다. 그리고 일정 연습량을 채운다. 공이 반듯이 가도록 하는 시냅스를 장기기억으로 만들기 위해서 피드백이 가능한 작은 목표를 설정해야 한다. 그리고 반복한다. 골프라는 큰 목표를 퍼팅으로 나누고, 퍼팅이라는 목표를 숏퍼팅으로 나누고, 또 다시 피드백이 가능한 크기로 더 잘게 나눈다. 빠르고 정확한 피드백을 받으면서 연습량을 채운다.

도전적인 과제로 만들어라

성공 확률을 조절하여 재미를 유도할 수 있다. 스스로 실력이 향상되고 있음을 알 수 있도록 확률을 조절하여 세팅한다. 성취감은 본성이다. 노력하면 무엇인가를 이룰 수 있도록 섬세하게 세팅하라. 까치발을 들어서 손이 닿을 정도로, 자신의 능력을 살짝 넘어서지만 손에 닿을 듯한 수준으로 세팅하라. 몰입을 유도하는 가장 적절한 수준으로 만든다. 하지만 개인적인 성향과 자신감 정도에 따라 적절히 세팅하도록 하자. 즐겁게 할 수 있고 집중도를 올리는 수준의 난이도가 적당하다.

최대 약점을 먼저 찾아서 고친다

가장 문제가 되는 약점을 고칠 수 있도록 작은 목표를 잡는다. 자신의 상황과 상태를 객관적으로 살펴볼 줄 알아야 한다. 정확한 진단이 있어야 치료할 수 있다. 약점을 끊임없이 찾아라. 사실 약점은 끝이 없다. 세상에 완벽은 없다. 하지만 완벽을 향하는 노력은 그 자체로 의미가 있다. 죽을 때까지 약점을 찾아라. 그리고 끊임없이 개선하라. 약점은 개인의 성취 수준에 따라 계속 바뀐다. 누군가에게는 너무 쉬운 과제가 누군가에게는 너무 어렵고 힘든 과제일 수

있다. 최대 약점을 끊임없이 파악하고, 개선할 수 있도록 끊임없이
목표를 세워라.

연습하기가 쉬워야 한다

연습량을 늘릴 수 있는 크기로 만들어야 한다. 생활 속에서도 연습
할 수 있으면 가장 좋다. 영어 공부를 하기로 했다고 하자. 작은 목
표는 단어 외우기로 잡고, 연습하기 쉬운 더 작은 목표를 잡는다.
생활 속에서 연습할 수 있도록 크기를 더 잘게 자른다. 아침밥 먹
으면서 5개 단어 외우기, 차 기다리면서 외웠던 단어 되새기기, 길
을 걸으면서 단어를 머릿속에 떠올리기 등으로 나누어서 연습이
생활 속에 녹아들게 해야 한다.

빠르고 정확한 피드백을 설계하라

병아리 감별사란 직업이 있다. 이들은 엄청나게 빠른 속도로 암컷
과 수컷을 구별해내야 한다. 이유는 암컷은 컸을 때 알도 낳고, 육
질도 좋아서 경제적으로 이득이 있지만, 수컷은 그렇지 못하기 때
문이다. 그래서 병아리 때 암수를 구분하여 키울지 말지를 정해야
하는데 그게 그리 쉽지 않은가 보다. 항문 부위를 보고 암수를 구
별하지만, 눈으로 한 번에 파악되지 않는다고 한다. 굉장히 미세한
것들을 다양하게 조합하여 판단해야 하기 때문이다. 이들의 작업

은 미묘한 만큼, 또 꼭 필요한 만큼 수입도 좋다고 한다.

여하튼 이들의 도제 과정이 재미있다. 수련생들은 병아리의 엉덩이를 보고 단 수초 만에 암수를 구분한다. 다음에 전문가가 다시 확인한다. 이때 수련생은 자신이 어떻게 암수를 구분했는지 모른다. 재미있는 건 전문가 스스로도 어떻게 구분했는지 정확히 모른다는 것이다. 하지만 수련생은 피드백을 지속적으로 받으면서, 점차로 구분하기 시작한다. 확률이 좋아지면 수련생은 전문가가 된다. 전문가가 된 이들은 다시 수련생을 키운다. 알지 못한다고 느끼지만 결국 알게 되는 상태를 시스템으로 이어가는 것이다.

비슷한 사례가 있다. 제2차 세계대전 당시의 전투 비행사들은 멀리 보이는 비행기를 보고 아군인지, 또는 적군인지를 빠르게 식별해야 했다. 숙달된 선배 비행사들은 순간적으로 아군인지, 적군인지를 맞힌다. 선배 비행사들은 후배 비행사에게 이를 설명해주어야 했지만 정확히 설명할 수는 없었다. 아군인지, 적군인지를 자신이 어떻게 알고 있는지를 모르는 것이다. 결국 이에 대한 훈련 방법을 많은 시행착오 끝에 완성한다. 병아리 감별사 훈련법과 대동소이하다. 훈련병이 아군, 적군 중 하나를 말한다. 이어서 교관이 맞다, 또는 틀리다를 말해준다. 바로 피드백을 하는 것이다. 훈련을 지속하면 점차 훈련병이 맞히는 확률이 올라간다. 모르지만, 점차 알아간다. 말로 설명하기 어려운 무의식적인 앎, 지식, 시냅스가 형성되었기 때문이다.

테니스의 경우를 살펴보자. 레슨을 맡은 코치는 간단한 기본동작을 시연해주고 공을 계속 넘겨순다. 연습생은 공을 받아넘긴다. 네트를 넘기고 뒷줄을 넘기지 않으면 성공이다. 코치는 계속 공을 넘겨준다. 계속 넘긴다. 하루 이틀 공을 넘기다 보면 확률이 좋아진다. 점차로 스윙이 만들어지고 자세가 나온다. 코트 안에 공이 떨어지도록 하는 피드백 시스템은 내가 공을 치고 있는 동안에 계속된다. 결국 단순한 반복 연습이 피드백되면서 머릿속에 실력으로 자리 잡게 된다.

동료 중에 테니스 선수 출신이 있어서 스윙 자세에 대해서 물어볼 때가 있었다. 그러면 그는 스윙을 한번 해본다. 그러고는 자신의 스윙을 의식적으로 관찰하고는 대답해준다. 자신의 몸이지만 어떻게 하고 있는지 몰랐던 것이다.

조지 소로스George Soros라는 유명한 투자자는 투자할 때 무엇인가 잘못되면 등 쪽에 예리한 통증을 느낀다고 한다. 하늘에서 내리는 선물 같은 통증일까? 그는 수천 번, 수만 번의 투자 경험으로 자신도 모르는 앎을 지니게 되었을 것이다. 뭔가 잘못되고 있다는 느낌. 그 느낌은 맞을 때도 있고, 틀릴 때도 있다. 소로스는 이 선물 같은 통증을 꽤 신뢰했나 보다. 직감이라고도 부를 수 있는 이 통증은 어디에서 오는 것일까? 성공한 수많은 투자와 실패한 수많은 투자의 결과가 피드백되었고, 결국 자신도 모르게 등 쪽 통증을 일으켰을 가능성이 높다.

직감을 모두 믿으면 안 된다. 하지만 직감과 느낌을 무시하지도 말아야 한다. 나도 모르는 무엇인가를 말해주는 것일 수 있다.

알게 모르게 아는 것이 가능하다. 단, 정확한 피드백이 일정 수준으로 반복되어야 한다. 강조하건대, 피드백이 얼마나 정확하고 빠르게 이루어지느냐에 따라 실력이, 직감이, 느낌이 예리해진다. 알게 모르게 실력이 쌓이는 것이다. 정확한 피드백, 빠른 피드백을 설계하라. 알게 모르게 알아간다.

게임처럼 섬세하게 난이도를 세팅하라

처음에 어려웠던 목표가 쉬워지면 조금씩 난이도를 올린다. 쉬운 문제를 풀고 있으면 의식의 집중도가 떨어진다. 목표를 향해 몰입도를 유지할 수 있는 적절한 난이도를 꾸준히 설정해야 한다. 난이도는 성취감을 주기 위해 쉽게 세팅할 수도 있고, 도전적 자세를 유지하기 위해 어렵게 세팅할 수도 있다. 자신의 몰입도를 살펴서 어느 정도 난이도에서 가장 몰입도가 높아지는지를 관찰하고, 집중이 가장 잘 되도록 난이도를 조절한다.

몰입도를 높이는 난이도 조절
난이도를 쉽게 조절할 수 있는 요소에는 시간, 경쟁, 양 등이 있다.

시간
연습의 난이도를 높이고 의식의 집중력을 높이기 위해서 제한 시간을 두는 것도 좋은 방법이다. 의지만으로 무엇인가를 해야 하는 경우에 효과적이다. 예를 들면 책 쓰기, 공부하기 등이다. 또 어찌 보면 시시할 수 있는 행위도 될 듯 말 듯한 시간이 주어지면 시시함은 사라지고, 도전적인 과제가 된다. 의식을 행위에 집중하게 만든다. 몰입감이 생긴다.

경쟁

경쟁은 서로를 자극한다. 경쟁하는 순간 의식은 집중된다. 집중된 의식을 상대방을 향해 쏟는다. 대부분의 인간 능력은 서로 비슷하고, 비슷한 성장곡선을 그리기 때문에 좋은 파트너를 라이벌로 만드는 것도 괜찮은 방법이다. 서로를 긍정적으로 자극할 때 서로가 성장을 향해 나아가는 동력이 될 수 있다. 가장 추천하는 방법은 '어제의 나'를 경쟁 상대로 하는 것이다. 누군가와 소모적인 경쟁을 하지 않아도 좋다. 어제의 나는 오늘의 내가 넘을 듯 말 듯한 난이도이다. 몰입감을 주는 난이도이다. 경쟁자를 찾기 어려운 목표도 있다. 이럴 때 스스로를 경쟁 상대로 하면 좋다.

양

일정한 양을 채우는 것을 목표로 할 수도 있다. 예를 들면, 하루 중에 기분 나쁜 느낌이 5분 이상 들지 않도록 하기, 20분 정도는 꼭 글쓰기 또는 A4 용지 2장 글쓰기, 테니스 서브 연습 100개 하기, 단어 50개씩 외우기. 하루에 일정량을 꼭 채우도록 세팅하는 방법이다. 의지력을 필요로 하는 것이어서 지루하다면, 시간 요소를 가미하는 것도 생각해보자. 예를 들면 A4 용지를 10분 안에 채우기, 영어 단어 10분 만에 외우기, 단어 외우고 60퍼센트 이상 맞히기 등이다.

모든 것이 게임이나 놀이가 될 수 있다

난이도를 적절히 조절하면 모든 것이 게임처럼 흥미롭게 변한다.

아들이 나의 두 다리 밑을 의미 없이 통과하려고 한다. 순간 다리를 약간 모아서 통과하기 어렵게 한다. 난이도를 살짝 높인 것이다. 아들은 살짝 도전적인 모습을 보인다. 아들은 머리를 어렵게 통과하고, 더 어렵게 몸통도 통과한다. 이어서 또 어렵게 다리도 통과한다. 아들은 약간 뿌듯한 표정을 짓는다. 다시 다리를 통과하고 싶어 한다. 다시 고생하면서 어렵게 다리를 통과한다. 통과하고는 또 다시 시도한다. 고생하는 것이 즐겁나 보다. 수차례 시도한다. 이때 만약 내가 다리를 너무 벌려서 쉽게 통과했다면 시시해서 수차례 시도를 하지 않았을 것이다. 또는 다리를 모아서 어떠한 시도에도 통과하지 못하게 했다면 짜증을 내고, 좌절했을 것이다. 아주 단순한 행위도 적절한 어려움과 장애물을 세팅할 때 놀이가 될 수 있다.

컴퓨터 게임은 몰입도가 생명이다. 게임은 대부분 난이도 조절이 매우 섬세하게 잘 되어 있다. 테트리스라는 게임의 경우를 보면 첫판은 너무도 쉽게 만들어놓았다. 둘째 판, 셋째 판, 그 다음 판으로 갈수록 점차 난이도가 높아지고, 쉽지 않게 세팅되어 있다. 하지만 한 판 한 판이 너무 어려워서 절대 깨지 못할 수준은 아니다. 또 너무 쉬워서 쉽게 깰 수준도 아니다. 모든 게임의 난이도가 수준별로 펼쳐져 있어서 초급, 중급, 상급으로 사람들을 유혹한다. 몰입감을 일으키는 깰 듯 말 듯 감질나는 맛. 이때 게임을 하는 사람의 의식은 게임을 깨고자 하는 목표로 가득 차게 된다.

난이도를 적절히 세팅하면 큰 목표도 즐거울 수 있다

큰 목표를 잡고 작은 목표로 치환한다. 이때 각각의 목표 난이도는 너무 쉽지도 너무 어렵지도 않게 세팅하는 것이 필요하다. 닿을 듯 말 듯한 난이도. 너무 쉬우면 재미없다. 너무 어려워도 좌절한다. 내가 의미 있다고 생각하는 목표를 정하고, 작은 도전 과제를 중간중간 세팅한다. 까치발을 해야 겨우 손이 닿는, 점프를 해야 겨우 건드릴 수 있는 작은 도전으로 변환시켜보자. 몰입감을 주는 목표로 작게 나누어서 도전해보자.

난이도는 개인, 상황마다 적절히 조절해야 한다

난이도를 조절할 때 자신을 잘 살펴보아야 한다. 자신을 돌아보고 좌절과 성취, 그 중 어떤 것이 스스로를 노력하게 하고 연습하도록 하는지를 살펴보아야 한다. 많은 어려움을 이겨낸 사람은 또 다른 어려움을 이겨낼 수 있다. 좌절을 이겨내본 사람은 좌절에 대한 면역이 형성되어 있다. 따라서 목표가 어렵고 힘들어도 도전하려는 의지가 쉽게 꺾이지 않는다. 이때는 어렵고 도전적인 목표를 세팅한다. 하지만 성취 경험을 위한 세팅이 필요한 경우도 있다. 성취를 해봐야 또 다른 성취를 할 수 있는 것이다. 실패와 패배가 반복되면 무기력으로 이어질 수도 있다. 환경을 어쩔 수 없다는, 노력으로 상황을 변화시킬 수 없다는 경험은 패배감과 상실감으로 이어질 수 있다. 성취 경험이 필요하다면, 노력으로 얻어낼 수 있다고 느끼도록 큰 목표를 다소 쉬운 목표로 작게 변형해야 한다.

자주, 꾸준히,
반복하라 Repeat

마음속 연습을 하라

큰 목표를 작은 크기로 잘라 작은 목표를 세운 다음 해야 할 것은 주기적인 반복이다. 끊임없는 반복이 답이다.

그렇다면 연습량과 연습의 밀도를 높이는 효과적인 방법이 있다면 무엇일까? 그중 하나는 바로 마음속 연습이다.

우리가 상상하는 순간 머릿속에 상상에 관여한 뇌 부위가 자극된다. 눈을 감고 상상해보자. 빨간 사과를 그려보자. 이는 전두엽을 이용하여 시각 영역을 자극하고 있는 것이다. 이때 기능적 자기공명영상fMRI으로 촬영해서 활성화 부위를 살펴보면 실제 사과를 볼 때의 부위와 별반 다르지 않다.

이번에는 사과를 먹는 순간을 상상해보자. 머릿속에서 달콤함을 상상하고, 시큼한 맛을 느껴보자. 만약 맛을 상상할 수 있다면 맛에 관련된 뇌 영역이 자극되고 있는 것이다. 상상과 실제는 뇌 속에서 비슷한 부위를 자극한다.

상상 속에서 오른손으로 "글씨를 써보자"라고 써보자. 그리고 이어서 왼손으로 "글씨를 써보자"라고 써보자. 어떤가? 왼손이 오른손보다 약간 어색하고 느리게 써지는 것이 느껴지는가? 또 만약 당신이 뇌졸중이나 파킨슨병을 앓고 있다면 실제로 운동을 하지 못하거나 몸동작이 느려진다. 특이한 것은 머릿속 상상 속에서도 운동을 하지 못하거나 몸동작이 느려진다.

우리 뇌 속에는 얼굴에 대한 기억만을 모아놓은 특수 영역이 있다. 사회적 동물인 인간에게 주위의 인간을 구분하는 것이 상당히 중요하기 때문일까? 이 부위가 손상되면 친구나 가족의 얼굴을 알아보지 못하게 된다. 목소리를 들으면 누구인지 알 수 있지만 얼굴을 보고는 아들과 딸의 얼굴도 알아볼 수가 없다. 그뿐만 아니라 머릿속으로 떠올리지도 못한다. 누군가를 머릿속으로 떠올린다는 것은 실제 뇌 영역을 자극하는 것이기 때문이다. 눈을 감고 엄마의 얼굴을 떠올려보자. 떠오르는가? 머릿속 얼굴이 모여 있는 부위를 자극하여 엄마의 얼굴 시냅스가 자극되고 있는 순간이다. 머릿속 동작은 뇌 속에서 거의 같은 부위를 자극한다. 즉 같은 시냅스를 사용한다. 더 나아가서 자극이 반복되면 연결되고 단단해진다는 것을 기억하자.

상상 속 연습이 실제 시냅스를 연결한다

蘇련의 인권운동가인 아나틀리 샤란스키Anatoly Sharansky는 1977년 미국의 스파이라는 죄목으로 9년 동안 감옥에 갇힌다. 수감 기간 중 400일은 춥고 캄캄한 독방에서 생활해야 했다. 이 오랜 시간 동안 샤란스키는 정신 체스라는 것을 둔다. 즉, 판이나 말 없이 머릿속으로 체스를 둔 것이다. 많은 정치범들은 이런 고립된 상황에서 정신적 파탄에 이르곤 하지만, 샤란스키는 달랐다. 나중에 감옥에서 풀려난 그는 이스라엘의 장관이 되었다. 그리고 세계 체스 챔피언인 가리 카스파로프Garry Kasparov가 여러 이스라엘 각료를 나가떨어뜨릴 때 샤란스키만은 예외였다고 한다.

운동선수들은 이미지 트레이닝을 많이 활용한다. 양궁, 유도, 골프, 탁구, 역도 등 많은 종목의 선수들이 실제로 마음속 연습을 실행한다. 실제 경기 당일의 이미지를 떠올리며 생생하게 자신의 행동을 머릿속에서 반복하고 또 반복한다. 바벨을 들기 위한 순간, 또는 상대 선수와의 경기 장면 등을 반복해서 떠올린다.

실제 연습과 마찬가지로 마음속 연습*도 머릿속 신경세포를 자극하여 회로를 이어간다. 마음속 연습 시간도 연습 시간에 포함시킬 수 있는 것이다.

예전에 골프 연습을 할 때 마음속 연습이 내게는 꽤 유효했다. 요즘은 테니스 연습에 적용하고 있다. 테니스도 같은 방법으로 연습량을 채우려고 한다. 동영상을 본다. 마음속 이미지를 보고 느낀다. 상상으로 보고 느낀다. 1인칭 시점, 3인칭 시점으로 모두 보고,

상상으로 몸을 느껴보도록 한다. 이러한 방법은 효과가 있다. 운동을 특출나게 잘한다는 평가를 별로 받아보지 못했던 내가 실력이 빨리 늘고 있다는 평가를 들었다. 마음속 연습도 연습이다. 의식적으로 틈 날 때마다 머릿속 이미지를 자주 떠올려야 한다. 상상은 관련 뇌 부위를 자극한다. 따라서 상상도 마음속 회로를 만들 수 있다.

잘하고 싶은 것이 있는가? 열심히 연습하라. 정말 잘하고 싶은 것이 있는가? 열심히 연습하고 또한 상상하라.

시간단위당 연습의 밀도를 높여라

브라질은 축구를 정말 잘한다. 브라질은 주전뿐만이 아니라 후보 선수들까지 출중하다. 브라질의 축구를 이토록 세계적인 수준으로 이끈 것은 무엇일까? 나라 전체에 들끓고 있는 축구 사랑, 어릴 적부터 수많은 시간 동안 축구공을 가지고 노는 그들의 놀이문화일 것이다.

축구 코치 사이먼 클리포드 Simon Clifford는 이들의 축구문화가 어떻게 발휘되고 있는지를 눈으로 보고 느끼기 위해서 직접 브라질에 가보았다. 그리고 그들의 축구 실력의 비밀을, 현대적인 것으로 이야기하면 '풋살'이라 불리는 운동에서 찾았다.

풋살에 쓰이는 공은 축구공의 절반 크기이지만, 무게는 두 배다. 한 팀이 11명이 아니라 5~6명이고, 경기는 축구장이 아니라 농구 코트 크기의 공간에서 이루어진다. 1930년대에 우루과이의 한 코치가 비오는 동안 연습하기 위해 고안한 풋살은 이후에 브라질 전역으로 퍼져 독특한 운동문화로 자리 잡았다.

풋살은 브라질 아이들의 열정을 사로잡는다. 축구 황제 펠레도 풋살을 하면서 실력을 키웠다. 호나우지뉴가 대중화시킨 '엘라스티코'라는 동작도 풋살에서 나온 것이다. 호나우도가 2002년 월드컵에서 골로 연결시킨 '토 포크toe-poke(발끝으로 찔러넣기)'라는 기술도 풋살에서 나온 것이다.

클리포드 축구 코치는 자국으로 돌아와서 '브라질식 축구학교'라는 타이틀로 축구 프로그램을 만들었다. 물론 풋살을 참고로 해서 만든 훈련 프로그램이다. 그의 훈련법은 적중했다. 훈련이 시작된 지 4년 후에 같은 연령대의 스코틀랜드 대표팀을 이기고, 이어서 아일랜드 대표팀도 이긴다. 지금은 이러한 훈련 프로그램이 12개국으로 확대되었다고 한다.

풋살은 축구와 비교할 때 선수가 공과 접촉하는 횟수가 600퍼센트 정도 많다. 공은 작고 무겁기에 더 정교하게 다루어져야 한다. 작은 공간에서 적은 인원이 모여서 하기 때문에 패스는 날카롭고, 정교해야 한다. 예리한 각도로 공을 차는 기술과 공간을 비집는 기술이 단련된다. 브라질 선수들은 어릴 적부터 이처럼 압축되고 밀도 있는 축구 훈련을 수천 시간 즐기면서 세계적인 선수로 커나갈 수 있는 연습량을 채운다.

1997년 게리 맥퍼슨Gary McPherson 박사는 실험을 통해 음악에 대한 아이들 각각의 진도가 왜 다른지를 파헤친다. 7~8세부터 고등학교 때까지 줄곧 따라다니면서 갖가지 요소를 확인하면서 어떤 요소가 악기를 배우는 데 결정적인지를 찾아 헤맨다. 처음 9개월 동안 지켜본 결과 일부 아이들의 실력은 빠르게 향상하고, 일부 아이들의 실력은 거의 변화가 없고, 대부분은 그 어느 중간에 속한다. 흔하게 보는 종 모양의 분포곡선이 나온다. 맥퍼슨 박사는 이러한 분포의 원인을 찾기 위해 여러 가지 데이터를 분석한다. 아이큐, 청각적 감수성, 리듬감, 운동감각, 소득 수준 등 온갖 것에서 원인을 찾는다. 원인은 무엇일까? 답은 묘하게도 첫 레슨을 할 때 물었던 질문에 있었다. "이 악기를 얼마나 오래 배울 것 같은가요?"라는 단순하고 이상한 질문에 대한 '대답'이 '해답'이었다. 조금 배우다 말 것이라고 생각하는 것과 평생 배울 악기라고 생각하는 것에는 악기에 대한 응답자의 정서적 반응을 포함한다. 즉, 내적 중요성, 내적 동기를 포함한다. 맥퍼슨 박사는 질문에 대한 답을 올해까지, 초등학교 때까지, 고등학교 때까지, 평생 중에 고르도록 하고, 단기, 중기, 장기라는 세 가지 범주로 압축적으로 표시한다. 또 연습량에 따라서 적음, 중간, 많음으로 분류하고 이를 함께 비교한다.

평균 주간 연습량이 비슷할 때를 비교해보자. '평생 할 연습'이라는 자세가 '조금 하다 말 연습'이라는 자세에 비해 수행 능력이

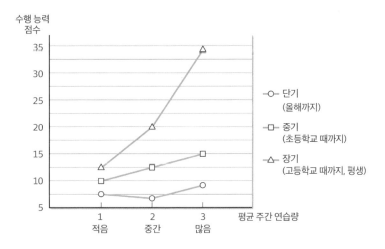

"얼마나 오래 배울 것인가요?"라는 질문에 오래 할 것이라고 대답한 응답자의 경우 평균 주간 연습량이 많았고, 수행 능력 또한 높게 나왔다.

높다. 연습에 대한 미묘한 긍정적 자세는 연습량이 많아질수록, 연습 기간이 길어질수록 중요하다. 가파르게 수행 능력을 올려주기 때문이다. 연습에 온 마음을 다하기에 연습의 효과가 점점 더 확실해진다.

적성이나 유전이 아니라, 레슨을 하기 전에 품었던 '악기에 대한 마음'이 실력 향상에 결정적이었다. 연습에 대한 강한 내적 동기가 우리를 쏘아 올린다. 연습하고 싶은 강렬한 마음가짐과 태도가 어쩌면 가장 중요하다. 내적 동기는 연습 시간 동안 집중력을 높인다. 대충 시간을 때우고 억지로 연습하는 것이 아닌 온 마음을 다하는 연습으로 시간을 충실히 채운다. 연습 시간이 쌓이면 실제적 연습 시간도 차이가 나게 된다. 온 마음을 다한 연습과 대충 시간을 때운 연습은 실제적으로 머릿속 연습 시간에 차이를 만든다. 시간단위당 연습의 밀도를 높이자. 자주 시냅스를 자극할수록 연결은 단단해진다.

집중하는 시간이 얼마나 되는가

흔히 책상에 앉아 있으면 공부하고 있다고 생각한다. 앉아서 딴생각을 하고, 음악을 듣고, 핸드폰을 들춰보곤 한다. 순수하게 집중하면서 공부한 시간을 알아야 한다. 그리고 무심히 앉아 있었던 시간이 아닌, 순수하게 집중한 시간이 얼마나 되는지를 피드백할 수 있는 시스템을 만들어야 한다. 집중해야 머릿속에 흔적이 남는다.

1. 실제적 연습 시간을 늘린다.
   : 풋살처럼 공을 직접 다루는 순도 100퍼센트의 연습 시간을 늘린다.
2. 연습에 대한 태도를 점검한다.
   : 연습을 중요하고 즐겁게 생각하여 집중된 의식으로 연습에 임하도록 한다.

공부뿐만이 아니다. 운동도 연습 시간에 얼마나 집중했었는지, 얼마나 연습이 밀도 있었는지를 고민해보자. 머릿속 시냅스를 자극한 시간을 면밀히 분석해봐야 한다. 연습 시간에 들어가는 시간과 빼야 하는 시간을 살펴보자.

연습 시간 : 걸으면서 생각하기, 운전하면서 생각하기, 이 닦으면서 영어단어 외웠던 것 생각해보기, 만약 프로게이머라면 게임하고 나서 복기해보기, 머릿속 시뮬레이션 돌리기, 피드백 시스템 고민해보기, 고수들의 몸동작 면밀히 관찰하기, 밥 먹으면서 목표 이루기에 대한 대화 나누기, 그 밖의 목표를 향해 생각했던 모든 시간들.

연습이 아닌 시간 : 공부한다고 앉았는데 졸려서 몽롱하게 보낸 시간, 의미 없이 잡담을 나누었던 시간, 공을 직접 다루고 있지 않은 시간, 집안일 걱정하면서 식사하는 시간, 그 밖의 목표를 향하지 않았던 모든 시간들.

연습 시간의 밀도를 높이는 데는 자발성이 가장 중요하다. 책상에 앉혀놓을 수는 있어도 머릿속 집중을 강제하기는 어렵다. 물가에 데리고 갈 수는 있어도 물을 대신 마셔줄 수는 없다. 따라서 열정, 내재적 동기, 자발성 등이라 불리는 심오한 부분을 생각해야 하는 것이다. 난 이 연습을 왜 하는가? 탁월해지기를 바라는가? 아니면 어쩔 수 없이 떠밀려가고 있는가? 머릿속에서 호기심으로 연습하는 대상에 온전히 집중할 때 반복 자극의 밀도가 높아지는 것이다. 같은 연습을 하더라도 시냅스가 장기화될 확률이 높다.

머릿속 연습의 밀도를 높이기 위해서는 마음속을 가만히 들여다보아야 한다. 목표 설정과 내적 동기를 이해해야 하는 이유이기도 하다. 내적 동기가 충만해야 나의 모든 의식을 집중할 수 있다. 연습할 때 온 의식을 집중해야 같은 연습 시간 동안 조금 더 밀도 있는 연습을 반복해서 할 수 있다.

의식에서 무의식으로 넘겨라

심리학 실험 중에 '보이지 않는 고릴라'라는 부제로 불리는 꽤 유명한 실험이 있다. 비디오를 틀면 흰옷을 입은 세 사람과 검은 옷을 입은 세 사람이 나온다. 이때 문제가 주어진다. 흰옷을 입은 사람들이 농구공을 패스하는 횟수는? 꽤 집중해서 패스 횟수를 세어야 한다. 정답은 15회다. 그리고 또 하나를 물어본다. 혹시 고릴라를 보았는가? 사실 실험의 목표는 '패스 횟수를 맞혔는가?'가 아니다. '고릴라를 보았는가?'가 목표다. 고릴라는 흰옷과 검은 옷을 입은 여섯 사람들 사이로 커다란 고릴라 인형을 쓰고는 화면 한 가운데에서 가슴을 두드리고 잠시 서 있다가 들어간다. 그런데 이 실험에 참가한 사람들 중에 약 50퍼센트만이 고릴라를 보았다고 한다. 사실 비디오를 되돌려보면 너무도 이상한 그림이어서 고릴라를 보지 못할 수가 없다. 하지만 실험 참가자의 반수 이상이 보지 못한다. 실험에서 참가자들에게 내용이 복잡한 것에 집중하도록 요구할수록 고릴라를 볼 확률이 적어진다. 실험을 주도했던 교수는 이를 주의력 맹시라고 설명한다. 즉, 주의력에는 한계가 있어서 주의력이 꽉 차게 되면 보고 있어도 볼 수 없는 상태가 된다.

우리 뇌에는 작업기억이라는 공간이 있다. 장기기억으로 가기위해 거쳐야 하는 공간이다. 작업기억은 책상, 장기기억은 책꽂이라고 비유할 수 있다. 작업기억이라는 책상에서 작업을 하고 장기기억이라는 책꽂이에 작업한 내용을 꽂아두는 것이다. 또는 장기기억에서 책을 빼서 책상에서 작업하고 다시 책꽂이에 넣는 것이다.

작업기억은 용량이 한정되어 있는데 마법의 수 7로 불린다. 책상의 크기는 7±2 정도라고 한다. 즉 작업기억은 7개 정도의 용량을 평균으로 하고, 사람에 따라 위아래로 대략 2 정도의 차이가 있을 수 있다. 우리의 순간 주의력은 7개 정도에 집중할 수 있다는 것이다. 그 이상을 벗어날 때는 보아도 볼 수 없고, 들어도 들을 수 없다. 7은 한 번에 생각할 수 있는 용량을 말한다. 집중할 수 있는 용량을 말한다.

우리는 수학 문제에 집중하면서 엄마의 얼굴을 세세하게 떠올리기 어렵다. TV를 보면서 라디오를 듣기 쉽지 않다. 음악을 들으면서 공부하기는 어떤가? 가능한가? 가능하다. 우리의 의식 7개를 순간순간 나누어서 배분하는 것이다. 좋은 음악이 나오면 의식 7개 중에 5개를 음악에 배분하고 2개를 가지고 공부를 한다. 중요하게 외워야 하는 순간에는 6개의 주의력을 공부에 배분하고 1개를 음악에 배분한다. 공부할 때 클래식 음악은 도움이 된다는 말도 있다. 하지만 가사가 있는 음악의 경우는 공부에 방해된다고 한다. 가사가 있는 음악은 의식을 더 많이 요구하기 때문이다.

몰입도는 이러한 의식의 주의집중 정도를 말한다. 완전한 몰입이라고 하면 7개의 의식 용량을 현재의 과제에 모두 투입하고 있는 상태를 말한다. 의식을 현재의 경험으로 가득 채우고 있는 상태를 말한다.

무의식이라는 영역도 살펴보자. 무의식은 다양한 상황에서 약간은 다른 의미로 쓰인다. 프로이트처럼 억압된 기억이라는 의미로 쓰이기도 하고, 의식을 잃고 쓰러져 있는 상태를 말하기도 한다. 또 곤드레만드레 술에 흠뻑 취해 있는 경우를 말하기도 한다. 지금 이 책에서 말하는 무의식이라는 말은 의식이 닿지 않는 상태의 뇌가 하는 많은 일들을 뜻한다. 우리가 말을 하려고 할 때를 생각해 보자. 조사 활용을 계획하고, 단어 하나하나를 의식적으로 배치해야 하고, 억양과 문법 사항을 하나하나 의식해야 하고, 발음 하나하나에도 신경을 모아야 한다면, 우리는 한 마디도 내뱉기 어려울 것이다.

의식과 무의식을 장황하게 말하는 이유는 이를 이해하는 것이 연습에 도움이 될 것이라 생각하기 때문이다.

연습은 의식적으로 반복해서 무의식에 넘기는 작업이다. 우리는 말을 알아듣고, 또 말을 한다. 말을 알아듣기 위해서 다양한 것을 해내야 한다. 발음을 구분해야 하고, 조사 활용을 생각해야 하고, 문법과 단어를 알아야 누군가의 말을 이해할 수 있다.

'아버지은 화장실를 들어가시다.' 무엇이가 어색하다. 어떻게 고쳐야 맞을까도 알 수 있을 것 같다. '아버지는 화장실에 들어가신다.' 우리는 그냥 듣고 있었던 것이 아니다. 무의식적이지만 조사활용을 이용하여 듣고 있었던 것이다. 나도 모르게 받침이 있을 때는 '은, 을'을 사용하고, 받침이 없을 때는 '는, 를'을 사용하는 것을 알고 있었던 것이다. 그런데 이러한 조사 활용이 우리의 무의식에는 어떻게 들어간 것인가? 누가 우리의 머릿속에 집어넣은 것인가? 어떻게 나도 모르게 들어와서, 나도 모르게 다른 사람 말을 들을 수 있도록 도와주고 있었던 것인가?

우리의 일상생활 대부분은 사실 무의식적으로 이루어진다. 아침에 일어나서 화장실에 가고 세수를 하고 양치질을 하는 일련의 동작들은 하나하나 의식하면서 이루어지는 것이 아니다. 거의 아무런 생각을 하지 않고도 자동적으로 하는 것이다. 만약 이러한 간단한 일도 자동화된 무의식이 아닌 의식을 사용해야 한다면 우리는 아침부터 진이 다 빠져버려 상쾌한 아침을 맞기 어려울 것이다.

의식의 용량이 정해져 있기 때문에 의식은 새로운 일에 집중하도록 세팅되어 있다. 만약 새로운 일을 의식적으로 반복해서 일정 수준 이상이 되면 무의식적으로 할 수 있게 된다.

가끔 나는 기타를 치곤 한다. 잘 치지는 못하지만 코드를 조금 잡을 줄 알고, 스트로크를 한다. 간혹 모르는 코드를 잡을 때가 있다. 왼손 검지, 중지, 약지, 새끼손가락 하나하나에 줄 하나씩을 짝

지운다. 그리고 연주를 하다가 아까 잡았던 새로운 코드를 또 만나면 다시 하나하나 손가락으로 집으면서 잡는다. 이렇게 여러 번 반복하면 제법 빠르게 잡힌다. 계속 잡다가 보면 어느 순간 코드를 보자마자 왼손이 잡고 있다. 반복하면 코드는 나의 것이 된다. 무의식적인 실력이 된다. 오른손 스트로크 연습은 또 따로 해야 한다. 새로운 오른손 스트로크와 새롭게 외운 왼손 코드를 함께 연습할 수는 없다. 의식이 가득 차서 연습이 이도 저도 안 된다. 왼손 코드 A-G-E-F를 순환코드로 하고 오른손에 집중한다. 왼손은 집중하지 않아도 알아서 돌아간다. 의식적으로 오른손에 온전히 집중하여 반복한다. 수차례 반복하고, 또 반복하면 어느 순간 반복이 편안해지기 시작한다. 계속되는 반복 속에 주의력이 조금 떨어져도 오른손은 알아서 리듬을 탄다. 연습이 반복될수록 점점 의식에서 떨어져 나온다. 마법의 7은 점차 자리를 내준다. 오른손은 나도 모르게 멋진 리듬을 타고 있다. 새로 외운 코드와 새로 익힌 스트로크가 완성된다.

영어 듣기를 연습하다 보면 너무나도 빠르게 말소리가 지나가서 좌절할 때가 있다. 머릿속에 r, l, 연음들이 빠르게 지나가고 귀에 박히지 않는다. 글로 읽어보면 참 쉬운 말인데 들으면 안 들린다. r, l, 연음이 따로 들어오면 들린다. 그런데 이러한 소리가 묶여서 들어오면 안 들린다. 의식적으로 하나하나에 집중해야 r, l, 연음이 들리기 때문이다. r에 집중하면 l, 연음에 집중할 의식이 소진되어버린다. 또 l, 연음에 집중하면 의식이 소진되어 r 발음이 들리지

않는다. 의식적으로 집중하지 않아도 들려야 의식의 용량이 남아
서 다른 발음에 집중할 수 있다. 또 모든 발음이 무의식적 수준으
로 들려야 내용에 집중할 수 있다. 들리지 않는 이유는 의식이 r, l,
연음을 구분하는 것에 마법의 숫자 7을 모두 소진했기 때문이다.
내용에 집중할 수 있는 남은 주의력이 없기 때문이다. 이때 무엇을
해야 하는가? r과 l, 연음이 의식의 용량을 차지하지 않고도 들려
야 한다. 발음이 의식적으로 집중하지 않아도 또렷이 들려야 한다.
무의식적으로 들릴 때를 목표로 삼고 반복하고 또 반복해야 한다.

골프를 연습할 때 스윙 연습을 많이 한다. 동영상을 찍어서 올바
른 스윙과 비교한다. 그리고 한 가지 문제점을 발견하면 고치고자
하는 부분에 의식을 집중한다. 골프 스윙은 매우 빠르고 거의 무의
식적인 기술이기 때문에 집중된 의식은 스윙 전체를 향해서는 안
된다. 고치고자 하는 한 가지 부분에 온통 집중해야 한다. 백스윙
이 너무 작아서 이를 고치려고 한다면 의식을 백스윙의 크기를 크
게 하는 데 집중해야 한다. 백스윙 크기 이외의 나머지 것에는 무
의식에 맡겨두어야 한다. 고칠 것에만 의식적으로 집중하고 반복
한다. 반복이 충분해지면, 처음에 집중을 요하던 스윙은 무의식적
인 수준이 된다. 반복을 얼마나 많이 하는가, 얼마나 정확한 모습
으로 반복하였는가가 중요하다. 무의식적으로도 얼마나 정밀한 스
윙이 나오는지를 정하기 때문이다. 정확한 피드백을 바탕으로 반
복하고 또 반복할 때 무의식적인 실력이 머릿속에 스며든다.

프랭클린은 스스로 내건 덕목 13가지를 실천하기 위해 일주일

에 한 가지씩만 실천하는 것을 목표로 했다. 13가지 덕목을 모두 동시에 실천하고자 하면 의식에 과부하가 걸려 연습의 효율이 떨어지리라 생각했던 것이다. 한 가지씩 연습하는 것을 의식적으로 반복하다 보면 어느 순간 모든 덕목을 무의식적으로 실천하고 있는 자신의 모습을 발견할 것으로 기대했다.

무의식적 실력은 의식적인 집중의 결과다. 의식적으로 반복하여 의식에서 점차로 떨어져나간 결과다.

무의식을 바꾸기 위해서는 의식을 집중해야 한다. 진정한 실력은 무의식적인 실력이다. 작은 성공들을 쌓아 무의식적인 실력을 만드는 것이다. 자동화된 실력을 목표로 해야 한다. 자동적으로 몸을 움직여야 의식이 다른 것을 처리할 수 있는 순간이 온다.

처음에 아기는 비틀거리며 걷는다. 걷고 나면 조금 빠르게 뛰려고 한다. 또 공을 찬다. 더 멀리 차려고 한다. 목표를 위해 작은 목표를 처리해야 한다. 작은 목표는 어느 순간 쉬운 일이 된다. 거의 무의식적인 수준의 자동화가 일어나기 때문이다. 다시 또 작은 목표를 세운다. 의식은 다시 작은 목표로 채워진다. 반복된 연습으로 다시 작은 목표는 자동화 수준이 된다. 또 다른 작은 목표를 세운다. 또 자동화한다. 무의식적 실력이 된다. 계속 이러한 과정을 무한히 반복한다. 목표는 한껏 가깝게 다가오게 된다.

더불어서 작은 목표의 수준은 현재의 수준을 살짝 넘는 수준이어야 한다. 성공 확률이 50퍼센트 정도가 적당하다. 마법의 숫자 7을 온전히 사용하여야 겨우 닿을 수 있는 수준의 목표가 가장 효율적인 연습이 된다.

하지만 연습이 의식적인 수준의 실력이 아닌 무의식적인 수준의 실력이 필요한 것이라면 이야기는 약간 달라진다. 의식적으로 무한히 반복해서 무의식적인 실력이 되도록 해야 하는 경우도 있는 것이다. 이때는 100번 중에 50번, 60번, 70번, 80번, 마침내 100번이 나오도록 목표량을 서서히 늘린다. 즉 무의식적 수준의 실력이 되는 것을 목표로 한다.

자동화된 연습 시스템으로 뇌세포를 연결하라

고효율의 자동화된 시스템을 고민해야 한다. 의지의 힘만으로 연습을 유지하는 것은 쉽지 않다. 자동적으로, 하지만 목표로 향하는 고효율의 연습 시스템을 구축해야 한다.

가장 고민해야 하고, 또한 창의성이 필요한 부분이다. 창의성도 생각의 양에 비례한다면 결국 많은 생각을 해야 한다. 그리고 적용해보고 다듬어나가야 한다. 의지력으로 반복하여 습관화해야 한다.

쉽게, 자주, 오래 연습할 수 있는 시스템

연습이 일상에 녹아든다면 가장 좋다. 생활 속에 연습을 쉽게 할 수 있다면 좋다. 자주자주 반복할 수 있다면 좋은 시스템이다. 오랜 시간 연습할 수 있다면 또한 좋은 시스템이다. 방법을 고민해라. 자신의 생활상을 그려보고 연습의 접근성을 높여라.

지금 나는 글쓰기를 하고 있다. 이 또한 연습이 필요하다. 절대적인 시간을 투자해야 하는 작업이다. 순간순간 생활 속에 녹이는 시스템이 필요하리라. 시간이 날 때마다 자판을 두드릴 수 있도록 무선 키보드를 하나 구입한다. 그리고 시간이 날 때마다 핸드폰과 무선으로 연결하여 틈틈이 키보드를 두드린다. 이는 연습의 시간을 늘리는 방법이다. 절대적인 단련의 시간을 늘릴 수 있도록 생각을 놓지 마라. 훈련법에 대한 아이디어를 지속적으로 모은다.

피드백을 할 수 있는 시스템

맞다, 틀리다를 바로바로 알 수 있는 시스템을 갖추는 것이 중요하다. 처음에는 틀린 생각, 또는 틀린 자세가 나올 것이다. 피드백이 빠르고 정확하게 되어서 틀린 생각, 또는 틀린 자세라는 것을 알면, 고치려 하는 마음이 들게 된다. '틀림'은 피드백에 의하여 빈도가 줄게 되고, 점차 '맞음'이 많아지게 된다. 결국 '틀림'은 '맞음'이 된다. 피드백을 바로 할 수 있으면 가장 좋다. 바로 고칠 수 있으므로 틀림의 회로가 반복되어 굳어지기 전에 쉽게 고칠 수 있다.

피드백 시스템은 연습의 종류에 따라 쉬울 수도 있고 어려울 수도 있다. 악기의 경우는 연주하다가 실수했을 때를 비교적 쉽게 알 수 있다. 이때는 피드백이 쉬운 것이므로, 연습의 시간이 바로 연습에 의한 실력 상승과 거의 비례하게 된다. 하지만 골프 같은 운동은 독특한 운동 중 하나다. 열심히 연습한다고 해서 바로 연습의 효과를 볼 수 있는 운동이 아니다. 피드백이 어려운 운동 중 하나이기 때문이다. 골프에서의 스윙은 공을 멀리, 정확히 보내기 위해서 가장 중요한 부분이다. 너무나 순식간에 스윙을 하기 때문에 자신의 스윙 동작을 알기는 어렵다. 그래서 골프를 접한 많은 사람들이 골프는 마음대로 되지 않는다고 말하고, 가장 어려운 운동이라고 말한다. 바로 이때 창의성이 필요하다. 피드백 시스템을 고민해야 한다. 자신의 스윙을 체크하고 잘못된 부분을 바로 알 수 있도록 하는 시스템을 만들어야 한다. 가장 빠른 것은 고수의 시스템을 배우고, 베끼는 것이다. 책을 통하건, 고수에게 직접 배우건 피드백 시스템을 만든다. 만약 적절한 시스템이 없다면 만들어야 한다. 많은 생각과 실행을 해보고, 본인에게 맞도록 적용해야 한다.

시스템을 자동화하기

습관은 무섭다. 또한 강력하다. 습관으로 일정한 시간, 또는 특정한 일(저녁식사, 퇴근) 뒤에는 항상 의도된 연습을 반복하도록 한다. 즉, 습관화로 '연습의 진입 장벽'을 낮추는 것이다.

예를 들면 운동을 해야 한다고 결심한 후 아침에 일어나자마자 예외 없이 규칙적으로 운동하고, 꾸준히 한다면 습관의 회로가 점차 강화된다. 처음 힘들었던 아침 운동은 꽤 할 만한, 아니 하지 않으면 개운하지 않은 상태가 된다.

영국 런던 대학교의 제인 워들Jane Wardle 교수는 일반인을 대상으로 실험을 한 결과, 습관을 완전히 몸에 익히는 데 약 66일이 걸린다고 말한다. 실험은 두 그룹으로 나누어서 진행된다. 한 그룹은 점심식사 후 과일 한 조각 먹기를, 또 한 그룹은 저녁 먹기 전 15분 동안 달리기를 매일 실천하도록 한다. 그리고 두 그룹이 매일 실천할 때 의지의 힘으로 하는지, 아니면 반사적으로 하는지를 체크한다. 평균적으로 약 66일이 되면 생각이나 의지 없이 반사적으로 과일 한 조각을 먹고, 달리기를 한다. 또 과일 먹기보다는 달리기가 습관이 되는 데 더 오랜 시간을 필요로 한다.

의지력은 전두엽을 사용하는 한정된 힘이다. 우리는 배가 고프면 참을성이 없어지고, 작은 일에도 예민해지게 된다. 그만큼 절제력을 유지하는 데에는 포도당이라는 에너지를 꽤나 필요로 한다. 마치 바위를 높은 곳까지 굴려 올리는 힘든 작업이다. 하지만 습관화되면 비탈길에서 바위를 굴리는 상황이 된다. 접근이 쉽고, 힘이 들지 않는다. 자동화되었기 때문이다.

매일 꾸준히 반복하면 생각이 필요하지 않은, 의지가 필요하지 않은 습관의 시냅스가 형성된다. 단, 66번의 반복이 필요하다.

다양한 시스템을 적용해라

시스템이 적절할 수도 있고, 적절하지 않을 수도 있다. 먼저 가장 적절한 시스템을 적용해본다. 그러면서 영점 조절을 해야 한다. 본인에게 맞는 부분은 무엇인지, 맞지 않는 것은 무엇인지, 일단 적용해봐야 알 수 있다. 시스템을 적용하는 데 문제가 있는지, 있다면 무엇인지, 생각을 모아야 한다. 최적의 시스템인 것으로 판단되면, 다음은 쉽다. 습관화하여 지속하면 된다.

하지만 자신에게 맞는 시스템은 여러 가지를 고민해보고 실행해봐야 찾을 수 있다. 다른 사람에게 맞는 시스템이 본인에게는 맞지 않을 수 있다. 자신에게 맞는지는 실행해봐야 알 수 있는 것이다. 사람마다 취향이 틀리고, 상황이 틀리고, 목표로 하는 부분이 다를 수 있으므로 이에 대한 시스템을 다양하게 찾아보아야 한다. 양은 질로 전환된다. 많은 양의 시스템을 고민해야 한다. 그중에서 가장 적당하다고 생각되는 것을 먼저 적용해보고, 영점 조절을 하고, 본인에게 적절하지 않을 경우 다른 시스템을 적용해본다. 시스템이 자신에게 맞지 않더라도 좌절하지 말고, 맞는 시스템을 더 고민해봐야 한다. 악기를 연주할 때, 운동을 배울 때, 많은 실패 속에서 성장하듯이, 다양한 연습 시스템을 고민하고 적용할 때 내 몸에 맞고, 내 상황에 맞는 시스템을 찾을 수 있다. 시스템을 고르고 적용하는 것도 양이 모여야 질로 전환된다.

A4 종이 한 장을 꺼낸다. 알고 있는 모든 연습 방법을 적는다. 다양한 기존의 연습법을 공부한다. 선배, 선생님이 오랜 시간 공들인 연습법을 배운다. 그리고 A4 앞장에 생각나는 모든 것을 적는다. 배운 모든 것을 적는다. 그리고 가장 그럴듯한 내용에 동그라미를 치고 A4 뒷장에 다시 적는다. 그리고 주기적으로 목표로 하는 것을 이루기 위한 연습 방법을 10~20분 정도 눈을 감고 생각한다. 생각나는 모든 것을 적고 지속적으로 A4를 업그레이드한다.

연습 시스템을 업그레이드하라

연습을 지속하다 보면 필요한 연습이 달라질 때가 있다. 필요한 기술이 초급에서 중급, 고급으로 이어지면서 업그레이드가 필요하다.

골프를 예로 들어보자. 초급에서는 스윙으로 공을 띄우고, 똑바로 멀리 보내는 것이 가장 중요하다. 제일 어렵고 많은 시간을 필요로 하는 부분이다. 이를 위해 스윙의 자세를 부단히도 갈고 닦아야 한다. 하지만 그 이상의 단계로 진입하기 위해서는 숏게임이라는 단계를 지나야 한다. 필요한 기술과 접근이 완전히 달라진다. 연습법이 업그레이드되어야 한다. 다시 고민을 해야 한다. 필요한 연습 시스템은 무엇인가?

영어 공부를 예로 들어보자. 개인적으로 영어책을 통하여 공부하는 것이 가장 효율적이라고 생각한다. 열심히 읽는 것을 통하여 영어의 어순이나 단어 등을 효과적으로 습득할 수 있기 때문이다. 하지만 듣기와 읽기 영역의 시냅스 연결은 단단해지겠지만 언어의 또 다른 영역인 말하기와 쓰기 영역은 단련할 수 없다. 이 부분을 연습할 수 있는 시스템을 또 다시 연구해야 한다. 한국에서도 영어를 써봐야 하는 상황을 강제하는 것이다. 외국인을 만나서 대화할 수 있으면 쉽겠지만 돈도 많이 들고, 여건상 쉽지 않은 경우가 많다. 창의성이 필요한 순간이다. 또다시 생각의 양을 모아서 질적으로 우수한 아이디어를 내보자. 한국에서 말을 하고, 쓸 수 있도록 하는 방법은 무엇이 있을까? 영어 일기, 영어책을 보고 한

글로 바꾸기, 아침에 20분씩 꾸준히 하기, 아니면 밥 먹기 전에 하기 등 무엇이든 실행할 수 있는 아이디어를 고민해보자. 본인의 생활에 맞으면서도 연습량을 채울 수 있는 시스템을 모으고, 적용해본다. 적용하고 단점을 보완한다. 적절한 시스템이 정해질 때까지 여러 가지를 적용해본다. 정해지면 꾸준히 지속한다. 적절한 피드백과 많은 반복을 하기 위한 시스템을 주기적으로 고민하라.

마음의 준비를 하고 꾸준히 지속하라

마음의 준비란 시스템으로 연습을 얼마나 지속해야 하는지를 가늠해보라는 것이다. 영어의 경우라면 단번에 목표를 이루기가 쉽지 않다. 그만큼 머릿속 시냅스를 많이 이어야 한다. 시간이 필요한 것이다. 영어에 완전히 빠져서 지내도 수년의 시간이 필요하다. 영어에 완전히 빠지지 못하는 환경에서는 시간이 더 많이 필요할 수밖에 없다. 단번에 쉽게 얻을 수 있는 성질의 것이 아니다. 마음의 준비를 해야 한다. 긴 장기전이 기다린다. 나와의 싸움이 될 수도 있다. 재미난 업그레이드가 계속되어 즐거울 수도 있겠지만, 분명 긴 시간이 될 것이다. 재미있을 수도 있겠지만 재미없을 때도 많을 것이다. 재미를 느낄 수 있도록 많은 당근을 곳곳에 숨겨놓아야 한다. 사실 모든 분야에는 초보부터 초절정 고수까지 스펙트럼이 형성되어 있다. 초절정 고수가 되려면 긴 여정의 길을, 초점을 잃지 않고 단단히 걸어야 한다. 마음의 준비가 필요한 것이다.

감정을 담아라 Emotion

목표를 감정과 연결시켜라

수많은 자기계발서들이 꿈을 이루는 방법에 대하여 말한다. 자기계발서에 흔히 말하는 꿈을 이루는 방법론을 모아보자.

- 감정을 즐겁게 하는 상상을 자주 반복한다.
- 비전 보드(vision board)를 만든다(큰 도화지에 되고 싶고, 이루고 싶은 이미지를 오려 붙이거나 글로 써서 붙여놓는다).
- 목표를 매일 글로 다시 쓴다.
- 목표를 정하고 자동목표추적장치를 가동시킨다.
- 세세하게 목표를 상상한다.

- 목표는 긍정문을 사용하여 적는다.
- 목표는 현재형을 사용하여 적는다.
- 목표를 생생하게 시각화한다(자주자주, 생생하게, 매일 실행한다).
- R=VD (실현realization = 생생한 상상vivid dream)
- 미래 일기를 쓴다(미래에 있을 완벽한 하루를 상상하여 쓴다).
- 미래 자서전을 쓴다.
- 하고 싶은 일을 적는다.
- 갖고 싶은 것을 적는다.
- 목표가 이루어진 특정 장면을 머릿속에 떠올린다.
- 자기암시를 한다.
- 꿈의 목록을 적고 매일 가지고 다닌다.

위에서 이야기한 꿈 이루는 방법은 경험적이다. 이렇게 했더니 나의 꿈이 이루어졌다, 또 이렇게 했더니 많은 사람의 꿈이 이루어졌다고 얘기한다. 당신도 할 수 있다고 격려한다. 굉장히 많은 자기계발서에서 서로 비슷한 내용을 여러 가지 관점으로 다시 이야기하고 있다. 많은 이들이 말하는 경험적인 부분을 무시할 수 없다. 과학은 경험을 증명하는 경우가 많기 때문이다. 즉, 당연하다고 느껴지는 현상을 재차 확인하는 경우가 많다. 하지만 원리를 알면 한계는 명확해지고 적용은 넓어진다.

다시 고민해보자. 이들이 각각의 관점으로 이야기하는 것들, 즉 꿈을 세팅하는 방법들의 공통점을 생각해보자. 생생하게 꿈꾸면 이루어진다. 상상하고, 이루어질 것이라고 믿으면 이루어진다.

간절한 목표가 뇌를 움직인다

목표가 무엇이든 일단 명확해지고 확고해지면 목적 자체가 구동력이 되어 여러 가지 작용을 하게 된다.

연습에서 목표가 갖는 의미

목표가 연습에 어떤 의미를 지니는지 나름대로 여덟 가지 정도 추려보았다.

주의집중

목표가 정해지면 의식과 무의식이 목표를 향해 정렬하게 되고, 주의를 집중하게 된다. 목표에 대한 생각이 간절할수록 주의집중의 정도가 증가한다. 보는 사람의 입장에 따라 동네에서 친선 경기로 하는 축구를 볼 때와 월드컵 축구를 볼 때의 집중도가 다르다. 특히 우리나라 선수들이 뛰고 있는 큰 경기, 즉 의미 있는 경기일수록, 그리고 간절히 승리를 원할수록 경기 관람에 집중하게 된다. 물론 경기를 하는 사람 입장에서 개인적 수준의 간절함은 동네 친선 경기라 하더라도 의미가 충분할 수 있고, 순간의 의식은 공을

향해 온전히 채워질 수 있다. 목표가 간절할수록 목표 이외의 의식
은 지워지고, 온전히 목표를 향하게 된다.

무의식 활성화

의식할 수 없는 여러 영역이 있다. 전의식 같은 부분은 의식 바
로 밑에 있으면서 목표와 연관된 것을 적극적으로 의식화한다. 빨
간 스포츠카를 산다는 목표를 정했다면 평소에 잘 보이지 않던 빨
간 스포츠카가 눈에 보이기 시작한다. 목표를 정하지 않았다면 보
이지 않거나 스쳐 지나갈 여러 상황, 물건, 또는 인물이 새로운 의
미로 다가오게 된다.

노력의 활성화

목표가 명확하고 감정과 연결되었다면 목표를 이루기 위해 노
력하게 된다. 멀리서 보기에 그 노력이 아무리 힘들어 보이고 어쩌
면 무의미해 보여도, 목표로 세팅되면 노력을 하는 것이 덜 어렵거
나 힘들지 않게 된다. 테니스를 치고 있는 사람을 멀리서 보면, 땡
볕에 땀을 뻘뻘 흘리면서 무의미한 공 하나를 이리저리 쫓는 것처
럼 보여 이해하기 어려울 수 있다. 하지만 코트 안의 선수는 세팅
된 목표, 즉 공을 상대팀 코트에 쳐서 보내야 한다는 목표를 위해
서 즐거운 마음으로 땡볕에서도 땀을 흘리며 뛰어다니게 된다. 골
프도 마찬가지다. 조그만 홀 안에 공을 집어넣는 것이 의미 있는,
감정적으로 간절한 일이 될 때 기꺼이 연습장에서 2~3시간을 보

낼 수 있는 것이다. 그런 시간들이 다른 사람 눈에는 힘들게 보일 수도 있지만 목표가 간절한 사람에게는 생각보다 힘들지 않을 수 있다.

아이디어 조합

목표를 지속적으로 생각하다 보면 앞쪽뇌, 즉 전전두엽을 활성화하여 목표에 이르는 여러 가지 방법과 현재의 도전 과제를 생각하게 된다. 생각의 양이 많을수록 아이디어는 질적으로 높은 수준으로 나오게 된다. 목표가 없으면 질문을 할 수 없게 되고, 관련된 아이디어를 불러오지 못하게 된다. 계속되는 '왜' 또는 '어떻게'라는 질문은 여러 가지 기발한 생각들을 엮어 올릴 수 있게 만든다.

기억에 강한 흔적을 남김

순간순간 들어오는 수많은 주위 자극들은 머릿속으로 들어오면서 걸러진다. 여러 사람이 같은 경험을 하였어도 각자의 관심사에 따라 의미 있는 자극만 머릿속에 남고 나머지는 기억되지 않는다. 자극이 머릿속에 들어와서 걸러지고 나면, 나에게 의미 있는 것, 중요한 것, 또는 피해야 하는 것, 생존에 관련된 것들이 주로 남게 된다. 이때 목표가 간절하다면 목표와 관련된 사항들은 걸러진 후에도 다른 기억보다도 더 오래 남게 된다. 간절함과 관련된 기억은 오래간다. 감정은 힘이 세다. 간절한 목표와 관련된 경험과 지식 등은 기억에 강한 흔적을 남기게 된다.

단계별 성장의 쾌감

간절한 목표는 목표를 향하여 나간 때 쾌감을 느끼게 한다. 반대로 목표와 멀어질 때 불쾌감을 느끼게 한다. 쾌 또는 불쾌는 결국 목표를 향한 행동을 불러오고 단계적 성장에의 쾌감을 지속적으로 느끼게 만든다. 이때 덩어리가 큰 목표라면 조그만 덩어리로 나누어서 지속적 쾌감을 유도하는 것이 필요할 것이다.

피드백의 제공

피드백이 있어야 정확한 연습이 가능하다. 목표가 있어야 활시위를 당길 수 있다. 목표가 있어야 목표에 명중했는지 안 했는지를 알 수 있다. 목표가 없으면 피드백을 할 수 없다. 과녁이 없다면 활시위가 정확했는지 알 수 없고 활쏘기 연습은 지루해진다. 실력을 가늠할 수 없고, 활을 더 잘 쏘기 위해 고민할 수 없으며 전략을 세울 수도 없게 된다.

미래의 의미와 현재의 즐거움을 연결

하버드 대학교의 긍정심리학 교수이자 행복을 연구하고 있는 탈 벤-샤하르Tal Ben-Shahar는 행복의 사분면을 이야기한다. 사람은 미래를 위해 현재를 저당 잡힌 성취주의자, 현재의 달콤함에 미래의 의미를 놓치는 쾌락주의자, 과거의 실패에 깊이 빠져버려 현재도 미래도 없다고 느끼는 허무주의자, 미래의 행복과 현재의 즐거움을 함께 추구하는 행복주의자로 나뉜다. 즉, 미래의 의미와 현재

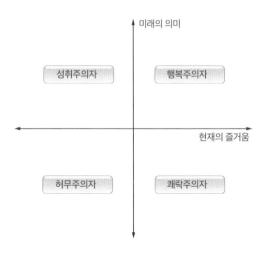

미래의 의미와 현재의 즐거움을 동시에 향하도록 하는 것이 행복의 지혜가 될 수 있다.

의 즐거움을 동시에 향하도록 하는 것이 행복의 지혜가 될 수 있다고 말한다.

미래에도 충분히 의미 있고 보람된 목표를 잡고, 지속적인 노력을 기울일 때 현재의 조그만 성장은 즐거움이 될 수 있다. 이는 행복의 사분면 중에서 행복주의자가 되도록 도와준다. 목표가 갖는 여러 가지 의미 중에서 어쩌면 가장 중요한 것으로 보인다. 목표는 삶에 방향성을 부여한다. 지금 내딛는 한 걸음을 의미 있게 만들어준다. 방향성은 목적지에 닿을 수 있느냐보다 어쩌면 더 중요할 수 있다.

몰입은 연습의 효율을 높인다

몰입은 지금 현재의 경험으로 의식을 가득 채운 상태를 말한다. 몰입은 그 순간 자체로 기분 좋은 보상이고, 몰입 이후에는 만족도도 높다고 한다. 우리는 몰입하기 위해 돈을 지불하기도 한다. 영화에 몰입하기 위해 극장에 돈을 지불하고, 음악에 몰입하기 위해 콘서트를 예약한다. 축구에 몰입하기 위해 축구장에 간다. 몰입감은 행복감과 통하기 때문이다.

피아노 연주자가 연주에 몰입하여 음악과 하나가 되는 순간, 암벽가가 암벽을 오르면서 암벽 사이사이와 발 위치에 집중하는 순간, 책을 읽다가 이야기에 빠져서 시공간뿐 아니라 자신까지도 잊게 되는 순간, 영화 속 감동에 빠져 주인공과 동화되는 순간이 바로 몰입된 순간이다.

몰입이라는 주제를 세상에 널리 알린 미하이 칙센트미하이Mihaly Csikszentmihalyi 시카고 대학교 교수는 창의성을 연구하다가 몰입에 관심을 갖게 되었다고 한다. 위대한 성과를 이룬 사람들의 공통점을 몰입에서 찾았기 때문이다. 이러한 몰입은 여러 가지 활동에서 느낄 수 있다. 테니스를 치다가도 느낄 수 있고, 음악을 감상하다가도 느낄 수 있고, 암벽을 타다가도, 수술대에서 수술을 하다가도 느낄 수 있다.

테니스 선수에게 게임이 잘 풀릴 때의 느낌을 물어보면, 체스 선수가 좋은 시합을 펼칠 때의 느낌과 흡사하게 이야기한다. 예술가에게 그림이나 음악에 완전히 몰두할 때의 느낌을 물어보면 역시 비슷하게 표현한다. 칙센트미하이 교수는 가장 즐거운 일을 경험할 때 나타나는 몰입 상태를 '플로우flow' 즉, '흐름'이라고 명명한다. 대답한 이들 중 상당수가 공통적으로 답하기를 "물결을 따라 모든 것이 저절로 흐르는 듯하다"고 표현했기 때문이다.

칙센트미하이 교수는 삶을 훌륭하게 가꾸어주는 것은 단순한 행복감이 아니라 깊은 몰입감이라고 말하면서, 몰입에 뒤이어 찾아오는 행복감은 스스로의 힘으로 만들어낸 것이기 때문에 우리의 의식을 한층 고양시킨다고 덧붙인다.

연습할 때 몰입감을 이해하는 것은 큰 의미를 갖는다. 연습에 대한 내적 동기와 더불어 따라오는 내적 중요성도 느낄 수 있다. 또한 몰입감은 연습의 밀도를 높여서 최고 효율을 갖도록 이끈다.

칙센트미하이 교수는 몰입을 느끼기 위한 세 가지 요소를 다음과 같이 말한다. 첫째 적절한 난이도, 둘째 명확한 목표, 셋째 즉각적 피드백이다.

적절한 난이도

몰입감은 난이도가 중요하다. 능력보다 너무 버거워도, 너무 쉬워도 몰입감을 경험하기 어렵다고 한다. 테니스 상대가 너무 약해도 재미가 덜하고, 너무 강해도 재미가 덜하다. 영화 속 악당이 너무 약하면 영화는 긴장감이 덜하고, 맥이 빠질 것이다. 이길 듯 말 듯, 온갖 고생을 하더라도, 위기를 겪더라도 온 정신을 집중하여 목표

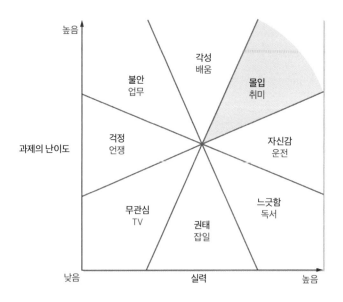

높음

각성
배움

불안
업무

몰입
취미

과제의 난이도

걱정
언쟁

자신감
운전

무관심
TV

느긋함
독서

권태
잡일

낮음　　　　실력　　　　높음

몰입은 과제의 난이도와 실력이 적당할 때, 그리고 도전적이면서도 걱정이 없는 심적 상태에서 나타난다.

를 향하는 순간이 바로 보상인 것이다.

그래프에서 가로축은 실력이고, 세로축은 과제의 난이도이다. 먼저 무관심, 권태, 느긋함 영역은 실력에 비해 과제의 난이도가 낮은 상태이다. 걱정, 불안, 각성 영역은 실력보다 과제의 난이도가 높은 상태이다.

몰입은 과제의 난이도와 실력이 적당하게 어우러져 도전적이면서도 걱정이 없는 심적 상태이다. 따라서 현재의 경험에 몰입할 수 있는 상태가 되는 것이다. 어떠한 과제에 몰입감을 느끼기 위해서는 과제의 난이도를 낮추거나, 또는 높여야 한다. 연습을 하면 실력이 상승하여 과제의 난이도가 상대적으로 낮아지는 경우가 있다. 이때는 다시 과제의 난이도를 올려 몰입감을 유지할 수 있도록 해야 한다. 몰입감은 그 자체로 행복감을 느끼도록 하지만, 실력 향상에도 매우 중요하다. 의식이 행위에 대한 것으로 가득 차면 실력이 빠르게 향상된다. 몰입감을 만들고 유지하는 것도 하나의 실력인 것이다.

명확한 목표

목표는 사람의 주의를 모으는 힘이 있다. 흐릿한 목표는 흐릿한 행동을 이끈다. 목표가 명확해야 성공했는지 또는 실패했는지 알 수 있다. 즉 정확한 피드백이 가능해지는 것이다. 테니스가 재미있는 이유는 상대 코트 안에 공을 떨어뜨리려는 명확한 목표가 있기 때문이다. 그에 따라 성공인지 실패인지를 쉽게 알 수가 있다. 목표가 없다면 성공도, 실패도 없다. 실패를 거울삼아 성공으로 가려는 전략도 있을 수 없다. 어찌 보면 목표가 전부다. 나머지는 주석이다.

절제, 침묵, 질서, 결단, 절약 등 프랭클린이 목표로 삼은 13가지 야심찬 덕목은 사실 애매모호한 경계를 가진다. 프랭클린은 추상적인 덕목의 목록을 명확한 목표로 구체화시켰기 때문에 연습이 활력을 얻고, 제대로 피드백될 수 있었다. 추상적인 목표일지라도 가능하면 만질 수 있고, 볼 수 있고, 측정할 수 있는 크기의 목표로 구체화하여야 한다. 명확한 목표는 명확한 측정을 이끈다. 명확한 측정은 명확한 전략을 이끈다.

즉각적 피드백

즉각적인 피드백을 고민하자. 노력해도, 연습해도 바로 실력이 향상되지 않는 경우가 있다. 일정한 임계점을 지나고, 시냅스의 조합이 많이 모여야만 눈에 보이는 실력 향상을 느낄 수 있는 경우다. 하지만 임계점을 돌파하기 위한 노력은 사실 재미가 없다. 노력에 대한 결과가 보이지 않는 상황에서는 노력이 물거품처럼 느껴지기 때문이다. 이때 올바른 믿음을 갖고, 올바른 연습을 고민하고, 더불어서 노력의 효과를 직접 느낄 수 있도록 피드백을 슬기롭게 세팅해야 한다. 사람은 즉각적인 피드백이 있을 때 즐거움을 쉽게 느낀다. 외운 단어장에 단어가 모이는 것을 체크한다든지, 공부한 시간 자체를 피드백으로 한다든지 등 여러 가지 방법으로 멀리 있는 피드백을 가까이 당겨와야 한다. 노력이 거품처럼 느껴지지 않고, 바로바로 내 손에 쥐어지는 당근처럼 만들어야 한다. 이를 위해서는 여러 가지 방법을 고민해야 한다.

명확한 목표가 주어지고, 노력과 연습의 효과를 곧바로 확인할 수 있으며, 과제의 난이도와 실력이 적절한 수준으로 맞아떨어지면 사람은 어떤 활동에서도 몰입을 맛볼 수 있다.

몰입과 연습의 관계

1. 몰입은 단위시간당 연습의 양이 가장 많다. 몰입은 의식의 용량 7을 모두 쓰면서도 마음이 불안해지지 않고, 자신감을 가

지는 상태이다. 연습을 가장 효율적으로 하고 있는 상태인 것이다.

  2. 몰입은 즐거움을 준다. 몰입의 즐거움은 자꾸 연습을 하고 싶도록 만든다. 연습을 직접적으로 하지 않는 시간이라고 하더라도 머릿속에서 즐거웠던 것을 자꾸 생각하도록 하여 머릿속 상상 연습을 하게 한다. 또 즐거움은 의식을 집중하여 연습의 밀도가 높아지게 한다. 내적인 즐거움은 결국 내적 중요성을 이끌게 한다.

목표를 상상하는 방법

꿈이란 무엇일까? 목표란 무엇일까? 되고자 하는 마음? 이루고자 하는 마음? 가정을 해보자. 꿈도 나의 뇌 속 어딘가에 있는 것은 아닐까? 꿈꾸기, 목표 세우기라는 것도 혹시 연습이 가능하지 않을까?

생생한 상상은 뇌에 흔적을 남긴다
목표를 이루는 방법을 뇌과학을 섞어서, 앞의 여러 가지 설에 하나 더 추가해보려 한다.

  목표를 기분 좋게 상상하라(목표를 머릿속에 세팅하다). 목표의 긍정적인 부분을 상상한다. 이때 중요한 것은 반복과 감정이다.

반복은 머릿속 시냅스를 만든다. 자주자주 꿈과 관련된 것을 떠올려야 한다. 자주 반복될수록 꿈의 시냅스는 강해지고 단단해진다. 또한 감정을 가만히 살펴보아야 한다. 나는 꿈을 왜 쫓아가는가? 꿈을 생각하면 가슴이 설레야 한다. 생각할수록 마음이 가고, 꿈을 이루고 싶은 마음이 깊게 우러나올수록 좋다. 하지만 이러한 우러나옴이 저절로 나오는 것은 아니다. 꿈에 대한 생각을 자주자주 반복적으로 하면 꿈 자체가 구동력이 된다. 의지로 꾸던 꿈이 의지를 다시 부르게 된다. 가슴을 뛰게 하는 꿈을 자주 생각하는 것만으로도 꿈과 감정이 연결된다. 시냅스가 연결되는 것이다. 즉 꿈에 대한 좋은 감정이 생겨서 꿈에 동력이 생기게 된다.

앞에서 소개한 목표를 세팅하는 여러 방법은 머릿속의 목표와 좋은 감정을 잇는 작업이다. 머릿속 감정과 반복적으로 연결할수록 목표는 깊게 세팅된다. 목표를 향해 두 가지 생각을 품지 않고 강렬한 한 가지 생각으로 송곳처럼 정렬하게 된다. 따라서 목표를 이루게 될 확률이 높아지게 된다.

목표 상상하기의 두 가지 관점

상상하기는 그 자체로 힘이 있다. 목표 상상하기는 두 가지 관점이 있을 수 있다. 목표를 이룬 결과에 대한 상상과 목표를 향한 과정에 대한 상상이다. 하나는 공부를 열심히 해서 원하는 학교에 합격하는 즐거운 상상이고, 또 하나는 공부의 과정 중 하나인 시험 당일에 긴장하지 않고 시험을 잘 풀고 나오는 것을 상상하는 것이다.

즉, 목표로 하는 것이 이루어진 상태를 상상하는 것과 목표를 향하는 과정에 대해 상상하는 것을 말한다.

첫 번째는 목표가 이루어진 기분 좋은 상태를 상상하여 목표에 감정을 연결하도록 해준다. 따라서 목표를 의식하는 시간을 늘려주고, 목표를 기분 좋게 생각하도록 유도한다. 또 한 가지는 목표로 가는 과정을 상상하는 것인데, 연습의 양을 늘려주는 효과가 있다. 머릿속 상상은 머릿속의 관련 뇌 부위를 자극하는 효과가 있기 때문이다. 테니스 치는 상상을 한다면 그 순간 테니스 연습이 실제로 되고 있는 것이다. 머릿속 연습량을 늘려 목표에 좀 더 빠르게 다가가도록 한다.

두 가지 상상의 효과를 적절히 이용해보도록 하자. 그리고 목표 상상하기는 목표를 이룰 수 있는 확률을 여러 방식으로 올린다. 목표를 향한 기분 좋은 감정을 갖도록 하여 목표를 위해 기꺼이 연습할 수 있도록 만든다. 오랜 시간 목표를 생각하면 목표가 이루어질 확률이 확연히 올라간다.

함께 발화하면 함께 연결된다

1949년 도널드 헵Donald Hebb은 학습을 하였을 때 신경세포들이 새로운 방식으로 연결된다는 의견을 내놓았다. "두 신경세포가 반복적으로 동시에 발화하면 두 세포는 화학적 변화가 일어나서 더 강하게 연결된다"는 것이다. 쉬운 말로 풀면, "함께 발화하는 뉴런들은 함께 연결된다"로 요약할 수 있다. 뇌신경이 동시에 자극을 받으면 서로 간에 강한 연결망이 발달한다는 것이다. 꽤 오래전에 한 이야기이지만 뇌신경세포의 연결 방식을 정확히 표현하였기에 이러한 뇌세포 묶음 현상을 '헵의 법칙'이라 부른다.*

감동을 준 음악을 다시 들으면 당시의 감동이 되살아난다. 영화 속 음악과 영화 속 감동이 함께 발화되면서 강하게 묶여 있기 때문이다. 강한 정서적 반응의 순간에 함께했던 음악이나 사람들을 다시 듣거나 보게 되면 당시의 정서 반응이 다시 나오게 된다.

"함께 발화하면 함께 연결된다."

나는 이러한 뇌신경 법칙을 목표 세우기 연습에도 적용할 수 있다고 본다.

'목표'를 '설렘'과 발화시켜라.

함께 발화된 '목표'와 '설렘'은 함께 묶여진다. '목표'를 생각하

면서 발화시킨 '설렘'은 함께 발화되어 묶여진다. 수차례 반복하면
더 강하게 묶인다. 이후 '목표'에 대한 생각은 '목표'와 묶여진 '설
렘'을 발화하게 된다.

함께 발화하면 함께 연결된다.
'목표'를 '설렘'과 발화시켜라.

목표 세우기를 연습하라

자기계발 전문가인 브라이언 트레이시Brian Tracy가『목표 그 성취의
기술』에서 추천한 방법을 잠깐 소개하겠다.

A4 용지 하나를 꺼낸다. 일 년을 목표로 가장 중요하다고 생각
하는 목표 10가지를 쓴다. 그 10가지 중 인생에 가장 영향력이 있
고, 자신의 행복을 이끌고, 가장 중요한 것 한 가지를 고른다. A4
용지를 뒤집는다. 가장 중요하다고 판단한 한 가지 목표를 다시 적
는다. 목표를 이루기 위한 10가지 실행 방법을 적는다. 10가지 중
가장 효과적이고, 실행하기 좋은 것을 고른다. 당장 실행에 옮긴다.

꽤 효과적인 방법이다. 많은 목표를 생각해보도록 유도하고, 또
한 가장 중요한 목표를 고르고, 노력할 방법을 생각하도록 하고 바

로 실행하도록 유도하는 것. 올바른 목표, 올마른 실행 방법, 그리고 실행. A4 한 장에, 5분 정도의 시간 동안 1년을 생각할 수 있는 꽤 효과적인 방법이다.

목표의 시각화

단, 시각화라고 해서 꼭 시각적인 것만을 의미하지는 않는다. 여기서의 '시각화'란 청각적·촉각적인 부분을 모두 포함하여 '선명한, 기분 좋은 상상'이라고 할 수 있겠다. 브라이언 트레이시는 시각화의 4가지 측면을 말하였다.

- 얼마나 자주 하는가?
- 얼마나 오래 하는가?
- 얼마나 선명한가?
- 얼마나 강렬한가?

위의 4가지 사항들을 뇌과학적인 관점으로 살펴보면 시냅스의 연결로 설명할 수 있다. 즉 꿈과 목표를 시각화하는 것은 우리 머릿속에 목표라는 프로그램을 입력하는 행위이다. 머릿속에 감정을 움직일 수 있는 목표를 자주, 오래, 선명하게, 강렬하게 떠올리면 시냅스가 형성된다. 즉, 감정과 목표가 연결되는 순간 맹목적이고, 자동적으로 추구하게 된다.

목표 잡는 연습, 머릿속에 목표를 세팅하는 연습을 해보자. 여기서 다시 한번 연습의 기본기를 살펴보자. 작은 목표, 약점 파악, 피드백 설정, 반복, 동기부여, 시스템이다.

목표 세우기 연습
목표 세우기에 연습법을 적용해보자.

주기적 반복과 피드백 시스템 만들기
목표를 생각하는 시간을 확보해야 한다. 하루에 주기적으로 두세 차례 이상 목표를 차분히 생각하는 시간을 갖는다. 연습의 작은 목표는 내가 실행할 수 있는 부분으로 잡아야 한다. 하루에 수분 정도씩 목표를 이루었을 때 느끼게 될 뿌듯함, 그것과 연관될 승리감 등 감정을 움직일 수 있는 상상을 한다. 마음을 살피고 이러한 상상이 즐거움이 되도록, 설레는 상상이 되도록 한다.

피드백도 설정해보자. 하루 동안 목표를 얼마나 자주 떠올리는지를 양적으로 가늠해본다. 밥 먹다가도 생각나는지, 걷다가도 문득 생각나는지, 엘리베이터를 기다리다가도 생각나는지를 가만히 살펴보자. 처음부터 목표가 저절로 떠오르지는 않을 것이다. 하지만 주기적으로 즐거운 상상하듯이 자주 생각을 하면 점점 목표를 향한 시냅스가 단단해지기 시작한다. 그리고 점차 목표로 의식의 많은 부분이 채워지게 된다. 어떤 일을 할 때는 목표를 잠시 잊을 때가 있지만, 목표는 전의식 상태로 남아 있게 된다. 다시 의식이 한가로울 때는 전의식에 있던 목표가 의식을 채우게 된다. 여러 가지 아이디어, 기회, 사람, 노력, 선택을 해야 할 때, 의식적이든 무의식적이든 목표를 향해 자석처럼 끌려가게 된다.

그리고 또 하나, 목표를 생각했을 때 느껴지는 감정을 가만히 살펴보아야 한다. 목표는 설렘을 주어야 한다. 감정과 목표가 이어져야 목표를 즐겁게 향할 수 있다. 감정과 이어져야 목표를 의식하는 시간이 많아진다. 감정은 힘이 세기 때문이다. 또 반대로도 가능하다. 기분 좋게 목표를 의식적으로 상상해야 감정과 연결된다. 의식과 감정은 서로를 자극하고 필요로 한다. 다시 목표 세우기 연습 방법을 요약해보자.

1. 목표를 자주, 오래, 기분 좋은 느낌이 강하게 들도록 시각화한다(즐거운 감정과 목표를 연결하도록 하라).

2. 피드백은 두 가지로 한다. 하루 중에 얼마나 자동적으로 목표를 생각하는지, 목표를 생각했을 때 설레는지 살펴본다. 만약 2의 피드백이 만족스럽다면 목표가 나의 머릿속에 잘 세팅된 것이다. 만약 그렇지 않다면 다시 1을 반복한다.

꿈꾸라. 매일매일 꿈꾸라. 눈 뜨면서 꿈꾸고, 감으면서 꿈꾸라. 꿈꾸는 자의 꿈이 반복될수록 높이 날 수 있다. 그리고 가슴을 살펴라. 품은 꿈은 내 가슴을 설레게 하는가? 품은 꿈은 나를 다시 꿈꾸게 하는가? 하늘을 날고픈 기쁨을 선물하는가? 품에 꿈을 꼭 안고 날마다 기쁘게 열어보자.

목표를 지속적으로 의식한다

목표를 의식의 표면에 지속적으로 떠오르도록 하는 것은 어떤 의미가 있는 것일까?

'의식한다'는 것은?

우리의 뇌 활동 가운데 95퍼센트는 의식되지 않는다. 반대로 말하면 5퍼센트만이 의식할 수 있다.

의식이라는 부분은 신경학적으로 아직 풀리지 않은 가장 큰 도전적 연구 주제다. 여전히 의식이 어떻게 발생하는지 정확히 밝혀지지 않았다. 하지만 기본적인 수준의 의식을 이해하는 것은 '목표를 지속적으로 의식한다'는 의미를 조금 더 정확히 알 수 있게 해준다.

나의 의식을 가만히 살펴보자. 온갖 생각이 들어오고 또 나간다. '무얼 먹으러 갈까?', '오늘 은행에 돈을 넣어야 하는데 못 넣었네',

'차 정비를 해야 하는데' 등 온갖 생각이 늘어오고 이어서 또 나른 생각이 꼬리를 물고 들어온다. 의식은 용량이 무척 작고, 순간순간 여러 가지 생각들로 채워진다. 그러고는 또다시 다른 생각들로 채워진다.

머릿속에 생각을 일으키는 수많은 신경들은 서로 합쳐져서 동시에 활성화된다. 우리가 말을 알아듣는다거나, 물체를 볼 때도 동시에 수많은 뇌세포들이 동시에 발화되어 활성화되는데, 이렇게 함께 동시에 발화되는 신경 묶음 단위를 뇌신경연합체라고 한다. DNA를 발견한 프랜시스 크릭Francis Crick과 함께 의식을 연구해왔던 크리스토프 코흐Christof Koch는 "머릿속에서는 여러 가지 뇌신경연합체들이 활성화되고 있으며, 그중에서 우연히 경쟁에서 이긴 뉴런연합체들이 의식의 표면에 떠오르는 것이다"라고 말한다. 마치 민주주의 정당정치와 비슷하다. 선거를 통해 경쟁하고 정권을 잡은 집단은 의식의 표면에 떠오른다. 하지만 경쟁에서 패배했다고 해서 사라지지 않고, 나름의 역할을 하며 다음 선거를 기다린다. 그리고 다음 선거 경쟁에서 승리하면 다시 의식의 표면에 떠오른다.

'의식'은 현재 떠올라 있는 뉴런연합체를 말한다. 무의식은 떠올라 있지 않은 의식 이외의 모든 것을 말한다. 그 중간 정도의 의식 상태, 즉 떠오를 듯 말 듯한 상태에 있는 것을 전의식 정도로 표현할 수 있겠다. 마치 시험공부를 하고, 시험을 보기 전을 예로 들 수 있다. 머릿속에 시험공부에 대한 내용을 알고는 있지만 질문을 받기 전까지는 의식의 표면에 떠오르지 않은 상태다. 오랜만에 본 사람의 이름이 생각나지 않는 경우도, 이름이 의식의 표면에 떠오르지 않는 경우다. 나중에 어느 순간 불현듯 떠오르는 것은 원래 알고 있었던 이름이 의식의 표면으로 경쟁을 뚫고 나오는 경우다.

목표, 의식

우리는 지금 우리가 무슨 '생각'을 하고 있는지를 '생각'할 수 있다. 메타의식이라는 것은 '의식에 대한 의식'을 말한다. 자신이 무엇을 의식하고 있는지를 다시 바라보는 '의식'이다. 이러한 메타의식을 이용하여 자신의 의식을 주의 깊게 바라보는 연습이 필요하다. 자신의 머릿속에 들어왔다가 나가는 다양한 생각을 바라볼 수 있다.

명상의 방법 중에 호흡에 의식을 집중하는 단계가 있다. 한 가지에 의식을 집중하는 연습을 하면서 주의력과 집중력을 훈련하는 것이다. 오랫동안 명상을 해온 사람의 뇌 부위를 촬영해보면, 집중력과 관련된 뇌 부위가 더 발달해 있음을 알 수 있다. 즉, 주의력 자체도 연습을 하면 실력이 늘 수 있는 것이다.

명상에 대하여 쓴 구글 엔지니어 차드-멍 탄Chade-Meng Tan의 『너의 내면을 검색하라』라는 책에는 주의력 훈련을 자전거 타기에 비유한다. 자전거를 처음 탈 때를 생각해보자. 자전거가 넘어질 때 핸들을 넘어지는 쪽으로 돌려서 균형을 잡아나가기 시작한다. 처음에는 한쪽으로 심하게 균형이 흐트러질 때만 핸들로 조정한다. 멀리서 보면 약간 불안정한 느낌을 주는 정도다. 하지만 어느덧 자전거 타기에 능숙해지면 부드럽게 균형을 잡으면서 앞으로 나가기 시작한다. 약간의 미세 불균형이 발생했을 때에도 이를 감지하고 핸들을 미세하게 움직여서 균형을 잡을 수 있는 것이다.

호흡에 의식을 집중하는 실력은 바로 이러한 균형 잡기에 비유될 수 있다. 메타의식이라 불리는 의식을 이용하여 자신의 의식을 바라보면서 호흡에 집중한다. 이때 만약 호흡에의 집중이 흐트러져서 다른 생각을 하고 있으면 메타의식으로 이를 알아채고, 부드럽게 다시 호흡에 의식을 돌린다. 이렇게 지속적으로 호흡에 의식을 유지하게끔 의식의 핸들을 미세하게 조정해나간다. 실력이 나아질수록 점점 호흡에 집중하는 시간이 길어지고, 집중의 밀도도 깊어지게 된다. 호흡을 통한 집중을 꾸준히 연습하면 여러 가지 집중력과 주의력이 좋아진다고 한다.

목표를 지속적으로 의식화하는 능력은 인생에서 매우 중요하다. 만약 자신이 원하는 목표로, 원하는 만큼 의식을 채워넣을 수 있다면 행복과 성취로의 방향키를 손에 쥐는 셈이 된다. 목표를 의식화하면 목표가 감정과 이어지고 목표에 다가가기 위한 여러 가지 아이디어를 얻을 수도 있다.

목표를 의식화해야 목표는 힘을 갖게 되고, 목표를 향하여 몸을 던질 수 있다. 목표가 머릿속을 얼마나 가득 채우는지를 의식적으로 '의식'해보자. 메타의식으로 주의를 감시해야 한다. 목표를 의식의 언저리에 항상 놓을 수 있도록 해야 한다. 적어도 전의식 정도에 걸쳐놓아야 한다. 메타의식으로 목표를 의식하는 연습을 해야 한다.

강한 감정을 자극할 경우 의식화되기 쉽다. 예를 들면 아주 슬픈 일, 화나는 일, 기쁜 일, 걱정스러운 일 등이 의식되기 쉽다. 감정은 힘이 세다. 즉, 머릿속에 의식을 차지하기 위해서는 감정을 잘 이용하여야 한다. 목표를 기분 좋고, 즐겁고, 기쁘게 세팅해야 한다. 그리고 목표가 의식을 차지하는 비율을 '의식적'으로 늘려야 한다. 처음에는 의식적으로 했던 생각들이 점차로 자동화되고, 좋은 느낌과 목표가 연결되는 시냅스가 형성된다. 목표가 장기적으로 좋은 감정과 연결되면, 의식은 목표로 채워져서 많은 시간을 보내게 될 것이다.

공중보건의 시절 열심히 골프를 연습했었던 적이 있다. 골프 생각을 열심히 했다. 골프의 실력 향상을 목표로 했었고, 다양한 방법으로 연습했었다. 의식을 골프에 대한 생각으로 채우면서 시간을 보냈다. 그렇게 열심히 생각했던 골프는 지금 테니스, 그리고 글쓰기에 자리를 내주었다. 신기한 것은 그토록 머릿속을 가득 채웠던 골프는 거의 완벽히 사라졌다. 한동안은 테니스가 머릿속을 꽤 차지했었다. 하지만 지금은 책 쓰기가 거의 95퍼센트를 차지하고 있는 느낌이다. 이러한 집중된 상태는 의식적인 집중이다. 책을 쓰겠다고 마음먹으면서 목표를 세우고 집중하려고 의식적으로 노력한 것이다. 책 쓰기는 쉬운 작업은 아니다. 혼자서 머릿속에 흐르는 생각을 떠올리면서 고독하게 작업해야 한다. 즐거울 수도 있지만, 작업은 동기부여가 필수적으로 따라야 한다. 목표가 의식을 채울 수 있도록 스스로를 격려해야 했다. 처음에는 의도적으로 책 쓰기에 대해 생각했다. 즐거운 결과를 생각하고, 기분 좋은 생각을 반복했다. 그리고 글쓰기를 생각했을 때 어떻게 느껴지는지를 스스로 가만히 살펴보았다. 즐거움인지 또는 괴로움인지를 살펴보았다. 그리고 평소 생활할 때에 얼마나 책 쓰기가 생각나는지 그 빈도를 체크했다. 머릿속이 한가로울 때 책 쓰기를 생각하는지를 스스로 살펴보았다. 점차 글쓰기에 대한 생각의 빈도가 늘고, 즐거움으로 변화됨을 느꼈다. 아마도 시냅스 자극을 반복하여 장기기억으로 세팅되었을 것이다. 여하튼 지금은 많이 힘들이지 않고도 글을 쓸 수 있다. 생각에는 독특한 힘이 있다. 반복할수록 반복이 쉽다는 것이다.

목표는 설레야 한다.
가만히 목표를 느껴보자.
어떤가? 설레는가? 자꾸만 머릿속에 떠오르는가?

자신을 믿어라 Belief

실패는 마음속 규정이다

많은 이들이 생각과 믿음으로 성공할 수 있다고 말한다. 자신의 경험을 이야기하고, 주위 사람들이 경험했다고 말한다. 생각과 믿음. 나도 한때 염력이 실제로 있을 거라고 생각한 적이 있다. 생각의 힘으로 물리적인 영향을 미칠 수 있다고 믿었던 것이다. 그때는 온갖 초자연적인 것이 그럴듯해 보였다. 믿음, 생각의 힘, 그 영향력은 어디까지일까? 지금도 나의 결론은 분명한 영향력이 있다는 것이다. 단, 나의 머릿속 '안'에서는 분명하다. 하지만 머릿속을 떠나 생각의 힘만으로는 세상에 영향을 미치기 어렵다. 생각의 힘은 세상에 대한 나의 반응을 바꾸어서 세상에 영향을 미친다.*

실패가 아니라 피드백이다

연습이 효과적일지를 알 수 있는 방법은 없다. 시도와 연습이 사실 그리 효과적이지 않을 수도 있다. 신중하게 결정하여 시도하였다고 하더라도 세상에는 변수가 다양하고, 각각의 상황에는 우리의 통제 범위 밖의 여러 가지 변수가 있다. 우리가 통제할 수 있는 것은 시도의 횟수를 늘리고 좋은 시도를 옳게 적용하려고 노력하는 것뿐이다. 다양한 시도 중에 몇 가지 운 좋게 성공하는 것들이 있을 것이다. 이 몇 가지를 건지기 위해 다양하게 시도하고, 실험해야 한다. 멀리서 보면 단지 운이 좋아 보이는 것도 가까이에서 보면 사실 운이 만들어진 것일 수 있다. 다양한 시도와 연습이 확률을 올려 결국 성공하도록 만드는 것이다. 주사위를 던져서 반드시 1이 나오도록 하는 방법은 무엇일까? 100번을 던져보는 것이다. 6분의 1의 확률이 100번 누적될 때 확률은 1에 수렴한다. 실패가 많을수록 실력이 탄탄하게 쌓일 수 있다. 실패를 거울삼아서 피드백을 잘 골라서 섭취한다면 피와 살이 될 수 있다. 실패를, 아니 피드백을 2배, 3배, 아니 100배로 늘려라.

새롭게 무언가 시작할 때마다 우리는 항상 초보다. 그리고 성장 과정에서 초보로서의 실패는 필연이다. 피아노를 잘 치기 위해 많은 실수를 감내한 사람은 결국 피아노를 잘 치게 된다. 영어를 잘하기 위해 수많은 더듬거림을 감수한 사람은 결국 영어를 잘할 수 있다. 투자를 위해 고민하고 손실을 직간접으로 다수 경험한 사람은 투자에 대한 내공을 쌓게 된다. 실패했는가? 실패가 아니다. 피드백이다. 더 노력하고, 원하는 목표를 위해 더 다양한 방법을 찾으라는 피드백이다. 피드백은 목표를 이루기 위한 단계이며, 진정한 실력을 키워주는 고마운 경험일 수 있다.

실수, 손실, 실패는 피드백이다.

실패가 치명적이지 않도록 관리하라

하지만 실패가 생명을 잃는다거나, 또 다른 시도를 하지 못하게 하는 수준은 조심해야 한다. 항상 실패할 수 있음을 알고 실패에 대비해야 한다. 도박으로 말하면 올인, 주식으로 이야기하면 한 바구니에 달걀을 담는 것을 피해야 한다. 확률적으로 실패 자체를 피하기 어려울 수 있기 때문이다. 실패했을 때 게임이 끝나거나, 너무나 치명적이지 않도록 미리 실패의 손실을 관리하여야 한다. 반대로 돈이 들지 않고, 부담 없는 실패는 여러 가지 방법으로 시도해 볼 것을 권장하고 싶다. 아이디어를 많이 내고, 고민하는 것은 치명적이지 않은 실수를 많이 반복하는 것이다. 아이디어를 실행하기 전에는 비용이 제로이기 때문이다. 다양한 아이디어를 꾸준히 모을 수 있는 시스템을 마련해야 하는 것이다. 공연을 앞둔 연주자는 미리 수십 번, 수백 번의 연습을 한다. 5분의 연주를 위해서 50시간 또는 500시간을 연습하기도 한다. 연습은 실패를 예상하고 미리 실패하는 일련의 과정이다. 즉 실패의 치명성을 최소화하는 것이 연습이다. 연습은 다양하게 시도하고 실패하기 위한 것이다. 단 피드백을 적절히 취하자.

나양한 시도를 하고 많은 실패를 히라. 단 실패의 치명성을 관리하라. 또 실패 속에서 성장한다는 것을 잊지 말고, 도전을 즐기자. 도전에 따르는 필연적 실패를 즐기는 자세가 어쩌면 더 중요하다.

하지만 꼭 잊지 말자. 다른 이의 눈에는 아무리 치명적 실패처럼 보여도, 시실 실패라는 것은 '내 마음속 정의'라는 것도 잊지 말자. 내 마음 속에서 동의하지 않은 실패는 실패가 아니다. 피드백이다. 그리고 죽기 전까지는 절대, 절대 동의하지 말자.

태도가 중요하다

아무리 어렵고 험한 일을 겪더라도 오뚝이처럼 일어나는 사람들이 있다. 소위 회복탄력성이 좋은 사람들이다. 성장할 수 있다는 믿음을 가진 사람들이다. 주어진 환경 속에서 최선을 찾고 실패라고 규정짓지 않고 깜량껏 노력하는 모습과 태도가 어쩌면 가장 중요하다. 머리보다, 환경보다 더 중요한 것은 삶에 대한 태도일 수 있다.

많은 연구에서 성공의 요인 중에 가장 중요한 것으로 태도를 꼽는다. 태도는 끊임없이 도전하는 자세를 말한다. 실패를 예상하고 실패에 굴하지 않는 자세를 말한다. 태도는 '연습을 통한 성장'을 이끈다. 태도는 위기를 기회로, 실패를 성공으로, 초보를 고수로 만들 수 있다.

재능은 도전을 성공으로 이끈다. 반대의 경우도 가능하다. 도전과 노력 자체가 재능을 강화한다. 기존의 시냅스는 도전이 성공하도록 도와준다. 반대로 도전과 시도는 기존의 시냅스를 더욱 촘촘하게 만들어서 더 크게 성공하도록 도와준다. 다양한 시도를 하도록 하는 도전적 태도가 성공을 만드는 이유이다. 결국 '태도'는 '재능'을 넘을 수도 있다. 다음의 문장은 머릿속에 심어둘 만하다.

"실패는 없다. 피드백이다."

니체의 말도 하나 추가한다.

"나를 죽이지 못한 것은 나를 더욱 강하게 한다."

믿음은 성공의 확률을 올린다

많은 이들이 믿음, 신념에 대하여 말한다. 할 수 있다고 믿으면 된다고 이야기한다. 사실 이러한 믿음은 살면서 힘이 된다. 미지의 어떤 운명적인 힘에 의하여 앞으로 나아가고 있다는 믿음은 살면서 힘이 된다. 그리고 연습을 시작하고 유지하도록 하는 동력을 주기도 한다. 너무도 어마어마한, 엄두도 나지 않는 큰 목표를 이룰 수 있을 것이라는 믿음은 연습을 시작하고, 노력을 유지하도록 유도한다.

　믿음은 긍정적 요소가 될 수 있다. 하지만 비과학적인 수준의 믿음은 문제가 될 수 있다. 예를 들면 생각의 힘으로 밀려 있는 '무언가'를 變化시킬 수 있다거나, 물건의 물리적인 성질을 바꿀 수 있다는 식의 믿음은 조금 조심스럽게 살펴볼 필요가 있다. 앞에서 이야기한 것처럼 믿음은 세상에 대한 나의 반응에 영향을 주기 때문에 의미를 가진다.

믿음은 과정에 몰입할 수 있도록 한다. 스포츠에서는 "자신을 믿어라"라는 말을 많이 한다. 스스로를 믿을 때 결과가 좋게 나오는 경우가 많기 때문이다. 믿는다고 무조건 결과가 좋게 나올 수는 없다. 하지만 자신을 믿으면 미세하게 승리할 확률이 올라간다. 결과에 연연하지 않아서, 머릿속에 교감신경이 덜 흥분할 수 있다. 또는 생각이 분산되지 않아서 중요한 순간에 집중할 수 있다. '할 수 있을까?'라는 의심은 생각을 분산시킨다. 하지만 '어떻게 할 수 있을까?'라는 고민은 생각을 집중시킨다. 안 되는 이유를 찾는 생각의 에너지를 '어떻게 하면 되게 할 수 있을까?'를 고민하는 데 쓰자.

덤빌 땐 된다고 생각하고 덤벼라. 그래야 과정에 몰입할 수 있고, 결과적으로 승리의 확률이 미세하게 올라간다. 그리고 결과에 연연하지 마라. 과정에 집중하라. 확률을 높여라. 믿음을 유지했는지, 연습에 집중했는지, 된다는 생각으로 덤볐는지를 더 소중히 여겨라. 결과를 떠나 과정에 집중하라. 단, 믿음도 과정이다.

믿음은 긍정적인 마음과 일맥상통한다. 긍정적인 마음은 그 자체로 좋은 결과를 낼 수 있는 확률을 올린다. 머릿속에 긍정적인 생각을 할 때 도파민이 분비되고, 다양한 가능성을 더 많이 찾을 수 있다고 한다. 우울감에 휩싸여 있을 때보다 조금은 더 빠르고, 조금은 더 확장된 사고를 할 수 있는 것이다.

연습 이야기가 조금 확장되었다. 연습 이야기가 믿음까지 와버렸다. 나는 무엇을 믿는가? 성장을 믿는가? 고착을 믿는가? 믿음은 그 자체로 힘이 있다. 성장의 믿음은 성장을 만든다. 고착의 믿음은 고착을 만든다. 결국 믿음은 현실이 된다. 성장을 믿어보자. 성장의 믿음을 선택해보자.

피그말리온 효과라는 말은 그리스 신화에 나오는 조각가의 이름에서 유래한 심리학 용어이다. 신화 속에서 피그말리온은 아름다운 여인상을 조각하고, 그 여인상을 진심으로 사랑하게 된다. 여신 아프로디테가 그의 사랑에 감동하여 조각상을 실제 여인으로 만들어준다는 이야기다. 기대를 하면 기대를 받는 이가 기대대로 된다는 뜻이다. 로젠탈 효과라고도 부르는데, 하버드 대학교 심리학과 교수인 로버트 로젠탈Robert Rosenthal의 이름을 따온 것이다.

로젠탈 교수는 1968년에 초등학생을 대상으로 지능검사를 하고는 20퍼센트 정도의 학생을 지능 결과와 상관없이 무작위로 뽑는다. 그러고는 담당 교사들을 대상으로 지적 능력이 높은 학생이라고 믿게 하고, 8개월이 지나서 다시 지능검사를 한다. 결과는 뽑힌 20퍼센트의 학생들의 지능검사 결과가 다른 학생들에 비하여 더 많이 상승하고, 학업 성취도가 더 많이 나아졌다고 한다. 즉 '교사의 기대' 그 자체가 학생들을 변화시킨 것이다.

우리가 믿는 것이 때로는 우리를 만든다. 성장할 수 있음을 믿으면 성장한다. 고착되어 있다고 믿으면 고착된다. 우리는 무엇을 취할 것인가? 무엇을 믿을 것인가? 재능이 성장한다는 믿음은 성장을 위한 연습을 고민하게 한다. 노력과 연습을 통할 때 '재능의 부족'은 '보통의 재능'이 되기도 하고, '보통의 재능'은 '탁월한 재능'으로 거듭날 수 있다. 반대로 재능이 고착되어 있다는 믿음은 성장을 위한 고민의 기회를 잘라버린다. 재능이 있음을 보이기 위해 노력과 연습을 부끄러워할 수도 있다. 결국 재능은 확장될 기회를 잃게 된다.

우리가 가진 믿음은 무의식적으로 옆으로, 위로, 그리고 아래로 흘러서 넘어간다. 우리의 자녀에게, 학생에게, 이웃에게로 넘어간다. 머릿속 믿음은 관계 속에서 미묘하게 벽을 넘어 서로에게 영향을 주고, 믿음 자체가 복제되어 그들의 머릿속으로 다시 스며든다. 우리가 올바른 믿음을 가져야 하는 이유이기도 하다.

성장을 기대하자. 성장으로 자랄 수 있음을 다른 이에게도 기대해보자. 성장으로 자라는 것이 가능하다고 자신에게도 기대해보자. 성장에 대한 믿음은 재능을 넘을 수도 있다. 태도는 재능을 넘을 수도 있다.

스탠포드 대학교에서 심리학을 가르치는 『성공의 새로운 심리학』의 저자 캐롤 드웩Carol Dweck은 성공의 심적인 동력을 한 가지로 규정한다. 아이큐? 머리? 기억력? 아니다.

답은 성장을 위한 마인드셋이다.

성장할 수 있다는 믿음이다. 재능이 아닌 태도가 더 중요하다고 한다. 성장에 대한 믿음은 노력과 연습을 이끌기 때문일 것이다. 성장에 대한 믿음은 연습을 유도하고, 머릿속 시냅스를 촘촘하고 치밀하게 하기 때문일 것이다.

믿음은 필요하다. 하지만 만능은 아니다. 하지만 될 것이라고 믿고 덤벼라. 그리고 결과를 보지 마라. 최선을 다하고, 하늘의 뜻을 기다려라. 여기서의 최선은 될 것이라고 믿는 마음가짐을 포함한다. 그래야 확률이 올라간다. 믿음은 실용이다. 믿음을 확률 게임으로 바라보자. 믿을수록 확률이 올라간다.

성장할 수 있음을 믿어라.

그리고, 믿음으로써 성장하라.

그리고 믿음을 갖고,

이젠, 제대로, 연습하자.

3부 ● **한 번에 하나씩,
제대로 연습하기**

운동·영어·기억·생각

운동,
제대로 연습하기

운동은 사실 연습이라는 키워드에 가장 어울릴 만한 소재다.

운동을 하면 신체가 다양하게 변화한다. 팔굽혀펴기를 하면 가슴과 팔근육이 부풀어 오른다. 장거리 달리기를 하면 심장이 커지고 폐 기능도 좋아진다. 근육은 지근과 속근으로 나뉘는데, 운동은 이러한 근육의 속성도 바꾸어놓는다. 신체적 변화를 위한 연습에도 도전적인 작은 목표, 피드백, 반복이 중요하다. 따라서 동기부여와 시스템을 만드는 것이 중요할 수 있다. 하지만 이 책에서는 운동 연습과 관련된 머릿속 변화에 초점을 맞추고자 한다.

요약하면 다음과 같다. 연습을 피드백이 가능한 덩어리로 잘게 나누고 매일 자주 할 수 있도록 시스템을 만든다. 한 번에 많이 하고 쉬는 것보다는 조금씩이라도 매일 쉬지 않고, 하루에도 여러 번 자주 하는 것이 중요하다. 또 쉽게 일상에서 연습을 즐길 수 있도록 하면 실력이 빨리 늘 수 있다. 연습을 자주 반복해야 시냅스가 장기기억화되기 때문이다.

더불어서 또 말하고 싶은 것이 있다. 운동은 운동 기술에 관련한 뇌기능을 개선시킬 뿐만 아니라, 두뇌를 다양한 방법으로 개선시킨다. 즉, 축구를 열심히 연습하면 신기하게도 외국어 실력이 향상될 수도 있다. 물론 외국어 공부를 운동과 함께했을 때를 말한다. 공부의 두뇌 효율이 좋아지기 때문이다.

목표를 잘게 쪼개었는가?

약점을 파악하라

테니스를 예로 들어보겠다. 테니스라는 스포츠에는 배울 거리가 다양하다. 포핸드, 백핸드, 발리, 스매싱, 서브 등이 있다. 이러한 다양한 기술들을 하나하나 배워야 테니스라는 운동이 완성된다. 이 중에서 약점이 있을 수 있다. 포핸드는 잘하지만 백핸드가 안 되는 경우가 있다. 또는 발리 실력은 좋지만 스매싱이 안 좋은 경우가 있다. 포핸드를 또 분해해보자. 테이크백은 좋은데 볼을 맞추는 위치가 잘못될 수 있다. 또는 체중 이동이 문제일 수 있다. 서브에서도 플랫 서브는 좋은데 탑스핀 서브가 어려울 수도 있다. 한 가지 운동에서 약점이라는 것을 말할 때 다양한 크기의 덩어리로 잘라서 이야기할 수 있다.

먼저 가장 문제가 되는 기량을 보완하도록 해야 한다. 즉 자신의 플레이에 가장 영향을 많이 주는 약점을 보완하는 것에 연습을 집중해야 한다. 더불어서 강점을 더 강화시키기 위해서는 강점에 대한 약점을 찾아서 보완해야 한다. 그래야 더 강한 강점으로 만들 수 있다. 포핸드가 강하고 안정되어 있다면 지금의 틀을 깨고 더 강한 포핸드, 더 안정된 포핸드를 만들기 위한 연습을 고민해야 한다. 이를 위해 포핸드에서 스핀을 더 주는 것을 연습 목표로 삼을 수 있다. 또는 조금 더 묵직하게 공을 치는 연습을 할 수 있다. 또는 안정성을 목표로 연습할 수도 있다. 다양한 약점을 파악하여 이에 대한 보완을 목표로 하는 연습을 디자인해야 한다. 연습은 한정된 자원인 시간을 요하므로 필요한 연습의 우선순위를 고민하는 게 중요하다.

연습의 덩어리를 잘게 만든다

연습의 한 덩어리를 작은 목표로 한다. 첫째 피드백이 가능하고, 둘째 연습을 자주 밀도 있게 할 수 있는 크기로 만든다. 즉 약점을 잘게 나누는 작업도 고민해야 한다. 테니스 기술 중에 백발리를 연습한다고 해보자. 먼저 백발리의 정확한 모습을 공부한다. 책 또는 인터넷을 통해 가장 이상적인 동작을 파악하고 이를 최대한 흉내 낸다. 발 동작, 손 동작, 리듬 등에 관련한 연습은 테니스채 없이도, 공 없이도 할 수 있다. 테니스채 비슷한 것을 들고도 연습이 가능하다. 또 어디에서든 연습이 가능하다. 큰 동작이 목표한 동작과 비슷하도록 연습을 충분히 해서 부의식 중에도 가능하도록 한다. 다음은 이를 공에 직접 적용하는 연습을 해본다. 미세조정을 해보는 것이다. 공을 직접 다루는 것은 코치 또는 상대가 있어야 하기에 연습을 많이 하기 어렵다. 시간적·공간적 제약이 있는 연습이나. 직접 공을 이용하는 연습 시간은 미세한 영점 조절을 할 수 있는 밀도 있는 시간이 되도록 한다. 이를 위해 큰 동작을 미리 연습해두는 것이 좋다. 큰 동작이 연습되어 있으면, 공을 직접 다루는 시간이 미세조정을 위한 연습이 된다. 큰 동작에 대한 덩어리와 미세조정에 대한 덩어리로 나누어서 연습하면 연습 시간을 밀도 있게 만들 수 있다.

피드백을 고민하라

연습할 때 항상 피드백을 고민해야 한다. 지금의 연습이 정확한 목표를 갖고 있는지, 빠르고 정확한 피드백을 하고 있는지를 고민해야 한다. 피드백은 작은 목표의 달성 여부를 정확하게 체크할 수 있는 피드백이어야 한다. 골프는 공을 치고 공이 날아가는 모양을 보면서 피드백을 하는 경우가 많다. 스스로 스윙 자세를 알기가 어렵기 때문이다. 이런 경우 핸드폰으로 동영상을 찍어서 고치려는 스윙 모습에 대한 피드백이 필요하다. 꼭 동영상 촬영일 필요는 없다. 피니쉬 동작에 대한 피드백이어도 된다. 스윙의 궤적을 알기 위해 옆에 의자를 놓고 의자에 부딪치지 않도록 하는 피드백이어도 된다. 물론 프로에게서 레슨을 받는 것도 포함된다.

친구 중 하나가 백스윙에서 왼팔이 목을 감을 정도로 팔꿈치를 구부리는 약점을 가지고 있었다. 온갖 시도를 했지만 고치지 못하고 그냥 그렇게 지내던 친구였다. 그러던 어느 날 친구의 스윙이 많이 개선된 것을 보았다. 친구는 왼팔이 구부러지면 '딱깍' 하고 소리가 나는 스윙 보조기구를 하나 샀단다. '딱깍' 소리가 나면 팔꿈치가 구부러진 것이다. 소리가 안 나면 성공이다. 빠르고 정확한 피드백이 반복되면서 오래된 스윙의 약점을 개선해낸 것이다.

언젠가 테니스에서의 포핸드를 연습한 적이 있다. 포핸드를 칠 때 염두에 둘 점은 공을 강하게 치면서도 코트 안에 공이 떨어져야 한다는 것이었다. 그러려면 공에 스핀을 많이 주어서 탑스핀의 영향으로 공이 바닥으로 휘어져야 한다. 이러한 탑스핀을 연습할 수 있는 방법은 무엇일까? 즉 연습 중에 빠른 피드백, 정확한 피드백을 할 수 있는 방법은 무엇일까? 생각을 모은다. 다행히도 하나 찾은 것이 있다. 소리다. 치는 순간 스핀이 걸리면 짧고 미세하게 소리가 '쉭' 하고 난다. 이러한 소리를 이용한 포핸드 피드백은 꽤 유용했다.

각각의 연습 목표를 정하고 이를 확인할 수 있는 피드백을 나름으로 고민해보아야 한다. 이를 위해 코치, 또는 프로에게 가르침을 받아도 좋다. 결국 프로, 또는 코치의 역할은 지적을 통해 피드백을 하는 것이다.

다음은 피드백을 할 수 있는 몇 가지 방법이다. 핸드폰에 동영상을 찍는 애플리케이션을 다운받는다. 동작별·프레임별로 확인할 수 있으면 좋다. 순간동작은 우리 눈으로 확인하기 어렵기 때문이다. 또 특정한 소리라든지 피니쉬 동작도 훌륭한 피드백이 될 수 있다. 피니쉬는 정확한 동작이 이루어져야 정확하게 나오는 경우가 많기 때문이다. 물론 공이 나가는 모양은 가장 피드백이 쉬운 것이므로 더 말할 필요는 없겠다. 정확한 목표 동작을 알고 지금 나의 약점을 아는 것이 중요하다. 이 둘 사이의 간격을 메우기 위한 피드백 연습 시스템을 만든다. 빠르고 정확한 피드백일수록 연습은 효과적이다.

많이 반복할 수 있는가?

매일 꾸준히 하기

운동 연습은 시냅스의 조합을 변화시킨다. 특정 기술이 내 머릿속에 자리 잡으려면 꾸준하게 주기적으로 반복하여야 한다. 꾸준하게 옳은 슛, 스윙, 스매싱, 헤딩을 익히도록 주기적으로 연습해야 한다. 머릿속에 자리 잡은 옳은 기술이 무의식 중에 나오도록 해야 한다. 그러려면 비슷한 상황을 설정하여 무의식 중에 연습한 기술이 나오도록 반복 연습을 해야 한다. 가장 추천하는 방법은 하루 중 특정한 시간에는 항상 연습하는 시스템을 만드는 것이다. 습관화되면 운동을 할 것인지, 말 것인지 갈등하지 않고, 항상 자연스럽게 습관적으로 운동할 수 있다. 아침에 일어나자마자, 점심 먹고 나서, 또는 저녁 먹고 나서 등 자신의 일주기를 묶어서 운동하게 되면 습관 들이기가 쉽다.

머릿속 연습 생활화하기

실력을 늘리기 위해서는 연습량을 늘려야 한다. 테니스를 치기 위해서는 테니스장에 가야 하고, 골프 연습을 하기 위해서는 골프 연습장에 가야 한다. 하지만 여건상 쉽게 하지 못하는 경우가 있다. 이때 할 수 있는 방법이 있다. 바로 머릿속 연습을 하는 것이다. 머릿속 상상은 순간적으로 골프장으로, 테니스장으로, 탁구장으로 갈 수 있게 해준다. 수초도 안 걸린다. 그리고 머릿속으로 연습한다. 보았던 동영상 속 이미지를 돌려 보는 것도 도움이 된다. 제3의 눈으로 보고, 직접 연습하는 이미지도 그려본다. 상상 속 연습은 시간과 공간을 넘어 언제 어디서든 가능하기에 좋다. 그리고 뇌 속에서는 실제 연습과 상상 연습이 크게 다르지 않다. 상상 연습은 머릿속에 실제 연습과 거의 비슷한 자극을 준다. 따라서 실제 연습과 거의 비슷하게 머릿속 시냅스 자국을 남긴다. 상상 연습은 실제로 시냅스가 이어지도록 한다. 정신적 리허설이라고도 불리는 연습법은 효과가 꽤 있다. 상상은 물질적인 뇌세포의 연결에 변화를 일으키는 것이다.

쉽게 할 수 있는 시스템 확보하기

연습량이 많으려면 연습할 수 있는 시스템에 쉽게 접근할 수 있어 야 한다. 효율적인 연습 시스템에 쉽게 접근해서 자주 반복할 때 실력이 된다. 이러한 시스템은 각자의 주어진 환경이 다르기 때문에 높은 창의성을 요구한다. 즉 많은 아이디어를 요한다. 예를 들면 골프 연습을 많이 하고 싶다면 주위에 골프채를 두고 쉽게 채를 휘두르면서 연습할 수 있도록 생활을 세팅한다. 테니스의 경우에는 일정한 시간에 꾸준히 연습할 수 있도록 연습 시간을 하루 일과 중에 확보해놓는다. 주어진 각각의 상황에 맞게 생활을 세팅하는 것이다. 여기서 중요한 것은 연습의 접근성을 최대한 높이도록 해야 한다는 점이다. 절대적인 연습량을 늘릴 수 있도록 생활을 세팅해야 한다.

무의식적으로 바뀌었는가?

의식적으로 반복하면 무의식화된다. 운동에서는 이를 이해하고 이용하는 것이 중요하므로 다시 한번 차분히 살펴보자.

우리의 의식 용량은 무척이나 작다. 이 작은 용량으로 다양한 일을 처리해야 하므로 의식적으로 하던 일들이 반복되어 익숙해지면, 무의식적으로 처리되는 것이 효율적이다. 걸으면서 우리는 여러 가지 잡담도 하고, 생각도 한다. 걸음걸이에 집중하는 경우는 흔하지 않다. 운전할 때 처음에 진땀을 빼던 '차선 바꾸기'는 어느 덧 자연스럽게 몸에 배어 자동화된다. 자신도 모르게 깜빡이를 켜고, 눈은 백미러를 향한다. 옆에 있는 사람과 대화를 나눌 정도의 여유를 갖는다. 만약 이 모든 것들을 의식적으로 해야 한다면 운전은 무척이나 고역일 것이다. 자동화된 무의식적 행위 덕에 부드럽고 편안한 드라이브를 즐길 수 있다.

자동화는 생활 속 여러 기능을 한다

먼저 운동할 때의 동작, 예를 들면 골프 스윙 같은 경우를 보자. 골프의 스윙은 개인별로 특이한 부분이 많아서 지문과도 같다. 즉, 얼굴을 가리고 스윙 자세만을 보아도 누구의 스윙인지를 알아낼 수 있을 정도다. 바로 자동화된 행동이 무의식적 시냅스를 따라서 흘러가기 때문이다. 골프 선수들은 의식적인 연습을 수없이 반복한다. 그들은 스윙이 몸에 배어 자동화되어 나오는 것을 목표로 연습한다. 머릿속에 스윙에 대한 생각을 없애고 무심하게 휘두르는 것을 목표로 한다.

악기를 다룰 때도 마찬가지다. 피아노를 연습해보자. 처음에는 의식적으로 하나하나 건반을 누르면서 연습한다. 수차례 반복하면 서서히 의식하지 않아도 무의식적으로 건반을 칠 수 있게 된다. 꾸준히 연습하면 전혀 의식하지 않아도 연주가 된다. 마치 내가 아닌 손가락이 스스로 연주를 하는 느낌이 들 정도다. 컴퓨터 키보드도 마찬가지다. 처음에는 하나하나 확인하면서 누른다. 익숙해지면 머릿속 단어의 흐름만큼이나 빠르게 문장들이 손가락을 타고 컴퓨터로 전해진다. 예전에 병원의 원무과 직원에게 약 관련한 영어 코드가 무엇인지 물어본 적이 있다. 직원은 순간 떠올리지 못한다. 잠깐만 기다려달란다. 그러고는 컴퓨터에 관련 약물의 영어 코드를 직접 쳐보고 대답해준다. 마치 손가락 끝에 기억이 새겨진 듯하다. 반복된 키보드 작업이 무의식적인 흐름이 되었던 것이다.

'생각'도 자동화된 무의식적 흐름일 경우가 많다. 우리는 어떤 특정 상황에서 어떤 사람이 어떻게 반응할지를 예상할 수 있다. 그리고 그러한 예상은 대체로 맞다. 왜 '특정'한 어떤 사람은 '특정'한 상황에서 '특정'한 행동을 하게 될까? 이유는 '특정'한 상황이 '특정'한 뇌 부위를 자극하고 '특정'한 뇌 시냅스를 발동시켰기 때문이다. 이러한 생각의 흐름은 자동화된 시냅스를 타고 흐른다. '특정'한 자동화된 생각은 결국 흘러흘러 '특정'한 감정 부분을 자극하기도 하고, '특정'한 행동을 유발하기도 한다. 자극이 자동화된 생각을 타고 반응하게 되는 것이다.

의식적인 반복을 꾸준히 하면 무의식적인 실력이 된다

무의식적 자동화는 긍정적으로 작용하기도 하지만 그렇지 못한 경우도 있다. 우리는 습관적으로 어떠한 생각을 한다. 어떠한 상황, 또는 일에 습관적으로 발화시키는 시냅스가 있는 것이다. 우리는 하루에도 많은 시간을 좋지 않은 생각으로 채운다. 아마도 걱정이라는 것은 인류의 생존과 번식에 도움이 되는 본성 같은 부분이었으리라. 하지만 현대 문명에서 이러한 부분은 조금은 과도한 면이 있다. 생존에 필요해서가 아닌, 일어날 재난을 대비하는 긍정적 역할을 가진 것도 아닌, 그저 습관적으로 걱정하고, 부정적인 생각을 하는 것이다. 이러한 생각의 자동화는 어떻게 바꿀 수 있을까?

자동화된 무의식적인 흐름을 바꾸려면 의식적으로 흐름을 바꾸어야 한다. 의식적인 흐름을 수차례, 수십 차례, 수백 차례 반복하면 무의식적인 흐름이 될 수 있다. 운동 연습을 할 때와 비슷하다. 골프 스윙을 바꾸기 위해서는 바꾸어야 할 의식적인 포인트를 생각해야 한다. 의식적으로 같은 스윙을 여러 차례 반복하고 또 반복해야 무의식적으로 의도했던 스윙이 나오게 된다.

무의식적 기억 강화하기

무의식적으로 자동화하는 것을 설명하려다 보니 운동 이외의 것을 설명하게 되었다. 다시 운동으로 돌아가서 이야기를 이어보자.

운동은 무의식적 기억을 강화시키는 작업이다. 알게 모르게 알도록 하는 것이다. 순간적으로 공을 차거나, 배트를 휘둘렀을 때 몸에 배어 있는, 머릿속에 배선되어 있는 시냅스를 활성화시키는 것이다. 옳은 동작을 반복할 수 있도록 시스템을 연구하라. 옳은, 또는 틀린 동작을 알아낼 수 있는 시스템을 연구하라. 이러한 피드백 시스템을 얼마나 반복적으로 적용하느냐가 중요하다. 연습을 생각 없이 열심히 반복하지 마라. 옳은 연습을 할 수 있도록 시스템을 만들고, 피드백을 받으면서 열심히 반복하라. 옳은 모습으로 자동화되도록 하는 것이 중요하다.

골프 스윙 연습은 작은 목표를 세우고 반복해야 한다. 스윙의 특정한 부분을 바꿀 것인지, 아니면 지금의 의식적 스윙을 반복해서 무의식적으로 자동화하도록 할 것인지를 정해야 한다. 만약 스윙의 특정 부분을 바꾸는 것이 목표라면 온 의식을 바꾸려는 특정 동작에 집중한다. 집중하여 정확히 동작이 이루어지는지를 확인하도록 피드백한다. 동작이 정확히 이루어지고 있다고 확인되면 그 동작을 의식적으로 반복하고 또 반복한다. 온 의식을 집중하던 것에서 집중하지 않고도 스윙이 되는지를 확인해본다. 의식하지 않는 수준으로 동작이 정확히 된다고 피드백된다면 정확한 연습이다. 의식하지 않으면서도 정확한 동작이 나오도록 피드백하면서 또 반복한다. 옳은 반복으로 몸속에 옳은 동작을 자동화한다. 충분한 반복이 쌓이면 무심히 옳은 동작이 나오게 된다.

동기 유지하기: 목표는 설레야 한다

운동은 취미로 재미있어서 하는 경우가 많다. 하지만 살을 빼고, 심폐 기능을 늘려 여러 가지 성인병을 예방하기 위해 의무적으로 하기도 한다. 여러 가지 동기로 운동을 하게 된다. 가능하면 재미있는 운동을 권한다. 재미있게 운동하면서 건강에도 도움이 되면 일석이조 아닌가? 만약 살기 위해 운동을 계획했다면 시작과 유지에 동기가 필요하다. 동기는 연료다. 재미를 느끼도록 스스로를 독려해야 한다. 여러 가지 재미의 요소가 있겠지만 실력이나, 자기 향상을 느끼도록 하는 피드백 시스템이 도움이 된다. 테니스라면 이전보다 실력이 나아지고 있다는 증거를 모으는 것이다. 근육 운동을 하고 있다면 이전보다 근육이 단단하고, 부피가 커지고 있음을 매일 체크하고, 기쁘게 관찰하는 것이다. 마라톤을 하기로 했다면 2킬로미터 도전, 5킬로미터 도전, 하프마라톤 도전, 풀코스 도전, 시간 단축 도전 등 여러 가지 중간 목표를 두고 실력 향상을 느껴 보도록 하자. 노력으로 나아지고 있음을 섬세하게 파악하여 좋은 기분이 들게끔 하는 지혜가 필요하다. 노력이 헛되지 않다는, 노력으로 향상되고 있다는 피드백을 받을 수 있도록 해야 한다.

마음 연습: 믿을수록 성공 확률이 올라간다

양궁과 마음 연습

양궁은 심리적인 영향이 큰 운동 중의 하나다. 올림픽 경기에서 한 발의 실수로 금메달이 은메달로 바뀌는 경우도 많다. 보통의 심장을 갖고 있는 사람이면 평정심을 잃을 만도 하다. 불안감을 이겨내고 안정감을 얼마만큼 유지하느냐가 메달 색깔을 좌우하게 된다. 사자같이 강한 심장이어서 양궁 선수가 된 것인가? 아니면 양궁을 하면서 사자의 심장으로 강화된 것인가? 나는 후자에 무게를 두고 싶다.

양궁 선수들은 시합 전이나 시합 중에 떠오르는 생각을 정리하기 위해 '루틴routine'을 연습한다. 골프에서도 샷을 하기 전에 하는 루틴이 있다. 일명 프리샷루틴이다. 샷 하기 전에 매번 같은 동작을 하면서 긴장감을 풀고 중요 사항을 빼먹지 않도록 하는 것이다. 같은 의미로 양궁 선수들도 루틴을 지키려고 연습을 한다. 어떠한 긴장감 속에서도 평정심을 유지하고, 최고의 경기력을 유지하기 위해서 프리슈팅루틴을 지킨다. 그들의 프리슈팅루틴을 살펴보자.

1. '나는 할 수 있다'를 마음속으로 외친다.
2. 뒷팔을 당긴다.
3. 심호흡을 크게 한다.
4. 과녁의 중심에 화살이 꽂히는 상상을 한다.
5. 활시위를 당기고 쏜다.

이 과정을 평소에 끊임없이 연습한다. 하나의 활시위를 당기기 전에 항상 이러한 과정을 반복해서 연습한다. 1번 시냅스가 자극되면, 이어서 2번 시냅스가 자극되고, 이어서 3번, 4번, 5번까지 부드럽게 흘러가도록 시냅스를 이어놓는 것이다. 그래서 1번~5번까지 흘러가는 중간에 다른 여러 가지 부정적인 생각이나, 긴장감이 비집고 들어갈 틈을 내주지 않는다. 만약 1번, 2번을 거쳐서 3번 루틴 중에 누군가 소리를 질러서 머릿속에 다른 생각이 파고들었다면 루틴을 멈추고 다시 1번부터 루틴을 시작해서 5번까지 통으로 흐르도록 한다. 루틴은 하나의 통시냅스이다. 활시위를 당기기 전에 항상 1번부터 5번까지의 루틴을 반복해서 통시냅스로 만들어버리는 것이다.

스포츠와 마음 연습

사격, 골프, 양궁 등 어떠한 운동이든 선수는 일정 부분 심리적인 영향을 받기 마련이다. 골프도, 테니스도 경기를 하다 보면 압박감을 느낄 때가 있다. 이러한 압박감과 긴장감은 경기의 묘미이기도 하지만 선수로서는 극복해야 하는 대상이기도 하다. 골프에서는 우승해본 사람이 다시 우승하는 경우가 많다고 한다. 너무나 미묘한 운동이라서 정신적인 긴장감 또는 집중력 부족이 경기 중에 크게 작용하기 때문이다.

이러한 긴장감이 어느 정도까지는 도움이 될 수도 있다. 하지만 일정 수준 이상이 되면 본래의 기량을 펼치기 어렵게 만든다. 긴장감은 편도체를 자극하여 교감신경을 자극하기 때문이다. 우승을 못 해본 사람은 우승 기회가 왔을 때 긴장감으로 평소 기량을 펼치지 못하는 경우가 생기게 된다. 우승에 대한 간절함은 긴장감을 만든다. 실력과 더불어 이러한 긴상감마저도 다스릴 수 있어야 우승할 수 있다. 긴장을 다루는 것도 일종의 실력인 것이다.

특히 골프같이 미묘한 감정 변화가 중요한 스포츠에서는 더욱 그러하다. 그래서 많은 골프 선수들이 스포츠 심리사에게 도움을 받곤 한다. 심리사들이 하는 일은 평소보다 너 좋은 샷을 하도록 하는 것이 아니다. 긴장감을 덜 느끼도록 해서 평소의 기량을 발휘하도록 하는 것이다. 바로 압박감 속에도 평소처럼 샷을 하도록 마음을 훈련시키는 것이다. 머릿속 압박감에 대한 자세도 실력인 것이다. 80의 실력자가 100퍼센트 실력을 발휘하면 80의 결과를 낼수 있다. 100의 실력자가 70퍼센트 실력을 발휘하면 70의 결과를 내게 된다. 마음 연습이 필요한 이유이다.

과제의 난이도와 몰입

의식의 용량, 즉 마법의 숫자 7을 모두 쓰는 것이 가장 몰입된 상태이다. 긴장감으로 약 3 정도를 사용한다고 하자. 쉬운 일에는 4 정도의 의식 용량이 필요하다면 마법의 숫자 7을 모두 사용하는 적절한 수준이 된다. 만약 6이라는 의식 용량을 사용해야 하는 어려운 일인데, 긴장감으로 3을 써버리면 4밖에 남지 않는다. 어려운 일을 하기 위해 필요한 의식 용량 6보다 작게 된다. 높은 기량을 요하는 일에는 편안한 마음이 중요하다. 즉, 자신감이 중요하다.

  과제가 실력과 비교하여 적절하게 어려울 때 몰입할 수 있다.[*] 우리가 지금 당장 가능한 것은 무엇인가? 과제의 난이도를 낮출 수 있는가? 실력을 높일 수 있는가? 모두 아니다. 과제를 해낼 수 있다고 마음을 다잡는 것이 필요하다. 몰입할 수 있을 것이라고 스스로 믿는 자신감이 필요하다. 그래야 확률이 조금이나마 올라간다. 조금 전 잘못 쏜 화살을 잊고, 지금 손에 쥐고 있는 화살의 결과에 연연하지 않고, 지금 앞에 있는 현재 루틴에 충실해야 한다. 편안하게 지금 손에 쥔 화살에 충실해야 한다.

수행 능력이 최고가 되는 각성도를 유지하도록 마음을 유지해 보자. 대부분의 스포츠는 높은 기량을 목표로 하고 큰 경기일수록 긴장할 수밖에 없다. 스포츠에서의 마음 목표는 안정감을 유지해서 자신이 가진 기량을 충분히 발휘하는 것이다. 마음의 목표는 긴장을 풀고 즐거운 마음으로 편안해지는 것이다.

목표를 작게 자르고 피드백 시스템을 만들어보자. 압박감을 느끼지 않는 것이 아니라, 전보다 조금 덜 느끼도록 여러 가지 작은 마음 목표를 연습하는 것이다. 압박감이란 현재가 아닌 결과에 집중하여 뇌 속에 교감신경이 과다해지는 상태이다. 아드레날린이 뇌 속에 분비되고 심장이 뛰고, 호흡이 가빠지고, 차분함을 잃게 되는 상태다. 선수는 상황에 대한 간절함 때문에 긴장하게 된다. 즉, 상황 자체가 문제가 아니라 상황을 해석하는 것이 문제이다. 우승을 하고 싶은 간절함이 우승을 하지 못하게 만드는 것이다. 마음을 적당히 내려놓을 수 있도록 연습한 사람이 우승할 확률이 높다. 압박감을 느끼는 상황에 대해 마음 연습을 해야 한다.

마음 연습의 예시

미국 최고의 스포츠 심리학자인 밥 로텔라Bob Rotella의 저서 『골프, 자신감의 게임』에는 그의 제자가 실행한 정신 강화 연습 사례가 나온다. 코칭 받은 선수는 시키지도 않았는데 기특하게도 스스로 생각하여 하나의 연습 시스템을 만든다. 작은 목표와 피느백, 그리고 반복이다. 방법은 디음과 같다.

색인 카드 위에 심리적 루틴을 적는다.

1. 즐긴다. 샷 하나하나에 집중하라.
2. 눈여겨 관찰하라. 라이(볼이 위치한 곳), 바람, 거리, 깃대 위치를 고려한다.
3. 타깃, 클럽(골프채), 샷의 종류를 정하라.
4. 보라(마음속에 가장 이상적으로 공이 날아가는 모습을 그려본다).
5. 느껴라(적절한 스윙감을 느낀다).
6. 믿어라(결과에 연연하지 않고 책임질 필요는 없다).

다음의 사항을 적고 이를 잘 지켰는지를 홀마다 각각의 샷을 기준으로 기록한다. 예를 들면 3번 홀에서 파4(네 번 공을 쳐서 홀에 넣는 것)가 기준타라고 했을 때 그가 다섯 번의 샷을 해서 보기(기준타보다 1타 많은 타수)를 했다고 하자. 그는 다섯 번의 샷을 따로 떼어서 한 샷 한 샷 루틴을 제대로 지켰는지만을 따진다. 보기를 했지만 만약 다섯 번의 모든 샷이 위의 루틴을 잘 지켰다고 하면 5/5로 100퍼센트의 점수를 준다. 만약 세 번의 샷은 잘 지켰는데 두 번은 그렇지 않다면 3/5으로 60퍼센트의 점수를 준다. 홀마다 체크하고 매샷에 대한 자신의 마음 루틴을 피드백한다. 그리고 게임이 끝나면 모든 샷의 통계를 합산한다. 마음에 대한 부분을 따로 피드백하며 연습한 것이다.

결과에 연연하지 않는 초연함을 연습해야 한다. 열심히 할 일을 다하고 하늘 뜻을 겸허히 받아들일 수 있는 마음 자세를 연습하자. 마음을 연습하는 것도 가능하다는 것을 아는 것은 중요하다. 마음 자세를 연습하도록 이끌기 때문이다. 물론 쉽지만은 않다. 하지만 연습의 원리를 이해하고 올바르게 연습하면 마음도 단단해질 수 있다. 더 단단한 마음 덕에 실력만큼 제대로 된 성과가 나올 수 있다.

스포츠에서의 마음 목표를 요약해보자.

실력을 닦자. 열심히 연습하자. 상대 이기기보다 자신의 실력 향상에 초점을 맞추자. 실력에 맞게 경기 내용이 나올 것을 믿자. 이기고 지는 것에 초연하도록 마음 연습을 하자. 딱 실력만큼만 나오도록 하자. 진인사대천명盡人事大天命(인간으로서 해야 할 일을 다하고 나서 하늘의 뜻을 기다린다). 과정에 집중하는 마음 자세만을 피드백하며 연습하자.

나는 이렇게 연습했다

골프가 어렵다는 이유

한동안 많이 연습했던 골프 연습을 살펴보겠다. 골프의 경우 1초도 안 되는 시간 동안 공을 쳐내야 한다. 그 짧은 시간에 수만 가지 이 야기들이 녹아든다. 따라서 어렵고 힘든 운동이다. 미묘한 동작을 익혀야 하는데, 많은 경우 자신의 스윙 동작이 어떤지도 모르고 스윙 연습을 하는 경우가 많다. 골프의 어려움은 바로 이 부분에 있다. 공은 물리적인 법칙에 따른다. 내가 옳게 타격하면 공은 옳은 방향으로 날아가게 되어 있다. 공의 방향이 옳지 않다는 것은 나의 골프채와 공이 옳지 못하게 접촉한 것이다. 공은 물리법칙 속에서 정직하다. 공이 엉뚱한 방향으로 날아간다면 나의 스윙이 옳지 못한 것이다.

골프는 연습을 많이 하는 것이 바로 실력으로 연결되지는 않는다. 쏟아부은 연습 시간이 옳지 못한 습관을 만드는 시간이 될 수도 있다. 연습할 때 옳은 동작을 할 수 있도록, 옳은 동작을 수차례, 수십 차례, 수백 차례 반복하여 무의식중에 나오도록 하여야 한다. 하지만 본인의 스윙이 어떠한지 잘 모르기 때문에 옳은 동작을 반복하기가 쉽지 않다. 내가 하고 있는 실제 스윙과 내가 하고 있을 것이라고 하는 머릿속 스윙 이미지는 상당 부분 다른 경우가 많다. 골프가 마음먹은 대로 안 되고, 연습량이 바로 실력으로 비례하지 않는 이유이다.

기타 또는 피아노의 경우는 연습량과 실력 향상이 비례하는 경우가 많다. 악기 연습의 경우는 음정, 박자가 틀렸을 때 이를 알아채기 쉽기 때문이다. 즉, 피드백이 빠르고 정확하기 때문이다. 하지만 골프 스윙은 나를 관찰하기도 어렵고 다른 사람이 관찰하더라도 너무나 순간적으로 끝나기 때문에 옳게 관찰하기 어렵다. 골프 스윙 연습에도 스윙이 잘못되었을 때 이를 빠르게 바로잡을 수 있는 피드백 시스템이 필요하다. 잘못된 스윙으로 연습을 반복하는 것은 잘못된 스윙의 시냅스를 반복 자극하여 장기기억으로 만들어버리게 되는 것이다.

피드백 세팅하기

올바른 스윙은 확률적으로 굉장히 낮다. 낮은 확률을 완성시키기 위해서는 그만큼의 정보와 반복이 필요하다. 먼저 자신의 스윙에 대한 정확한 정보가 필요하다. 피드백 시스템을 확보해야 한다. 우선 골프 연습장에서 흔하게 이루어지는 연습 장면을 살펴보자. 공박스를 가져와서는 옆에 놓는다. 공을 친다. 공이 나가는 모습을 본다. 계속 공을 치고, 또 본다. 공이 잘 나가면 잘 친 것이고, 못 나가면 못 친 것이다. 이 또한 나름의 피드백이라 할 수는 있겠다. 하지만 정교한 피드백을 더 고민해야 한다. 옳은 어드레스, 옳은 테이크백, 옳은 백스윙, 옳은 임팩트, 그리고 옳은 피니쉬를 잘게 잘라서 하나하나 분석하여 피드백해야 한다.

이를 위해서 프로에게 레슨을 받는 것도 좋은 방법이다. 하지만 매번 함께하기가 쉽지 않고, 비용도 만만치 않다. 나의 경우는 핸드폰으로 동영상을 많이 찍었다. 이 동영상을 프레임별로 나누어서 볼 수 있는 프로그램을 구했고, 핸드폰을 고정할 수 있는 미니 삼각대도 구입해서 혼자서 언제라도 자신의 스윙을 체크할 수 있도록 해보았다. 또한 모범 스윙과 항상 비교하면서 자신의 스윙 중에 고쳐야 할 부분을 의식적으로 염두에 두면서 약점을 파악했다. 모범 스윙이라는 큰 목표를 현재 나의 스윙과 비교하여 피드백 받으면서 작은 부분을 고쳐나가고자 했다. 꼭 공이 없다고 하더라도 공 없이 스윙을 해보면서 찍은 동영상도 많은 도움이 되었다. 공 없이 하는 동작에서 옳은 모양이 나오면 공을 실제로 칠 때도 공이 똑바로 날아가는 경우가 많았다. 꼭 연습장이 아니어도 연습이 가능하도록 했던 것이다. 연습량을 늘릴 수 있는, 그리고 피드백이 가능한 시스템을 만든 것이다.

스윙 무의식화하기와 시스템 업그레이드하기

단순해 보이는 골프 선수들의 스윙은 수많은 연습량으로 굉장히 낮은 확률을 구현해놓은 것이다. 수년에 걸쳐서 조금씩 스윙의 단점을 고쳐나가는 것이 필요하다. 아주 조금이라도 스윙 자세를 바꾸었다면, 무의식적으로 나오게 하기 위해서는 수많은 반복 연습이 필요하다. 이때 스윙의 자세를 바꾸는 시기에는 이전의 스윙 습관이 나오지 않도록 의식적으로 집중해야 한다. 의식적으로 의도한 스윙을 잘하고 있다고 피드백되면, 충분히 반복한다. 의식적으로 반복해서 무의식화시키는 것이다. 일정 수준으로 의식적인 연습량이 쌓이면 의식하지 않아도 자연스럽게 스윙이 나오게 된다.

이러한 연습으로 샷은 어느 정도 안정이 되는 느낌이었다. 하지만 퍼팅(공을 홀에 넣기 위해 스트로크 하는 것)이나 숏게임(그린에서 또는 주위에서 플레이되는 샷)은 힘들었다. 전혀 다른 시스템을 요구하기 때문이다. 퍼팅은 두 가지로 나뉜다. 하나는 롱퍼팅, 또 하나는 숏퍼팅이다. 퍼팅을 기술적으로 분해해보자. 거리감 느끼기, 똑바로 굴리기, 정신적으로 강해지기, 라이 구분하기(그린의 기울기, 잔디 상태를 보고 관찰하기) 등이 있을 수 있다. 롱퍼팅은 거리감이 중요하고, 숏퍼팅은 똑바로 굴리는 것이 중요하다. 강한 정신력과 라이를 구분하는 것은 롱퍼팅과 숏퍼팅 모두에서 중요하다. 거리감에 대한 연습량을 늘리기 위해 미니 퍼팅 기계를 하나 구입한다. 공이 맞고 튕겨져 나오는 충격량을 재서 피드백되는 시스템이다. 자주 연습할 수 있고, 피드백이 가능하기에 도움이 된다. 똑바로 굴리기는 2~3미터 거리에서 평평한 바닥에 줄을 하나 긋고 똑바로 치는 것을 연습한다. 맞고 튕겨져 나오는 것을 반복할 수 있도록 세팅한다. 쉽게 연습량을 확보하고 피드백을 받을 수 있도록 한다. 정신적으로는 마음을 비우기, 또는 라운딩할 때 정신적인 부분도 함께 적는다. 앞에서 밥 로텔라가 코치했던 선수가 적는 것처럼 루틴을 지키는 것 자체를 연습한다. 라이 보는 방법은 직접 필드를 많이 경험해봐야 연습량이 쌓일 듯하다. 필드는 이런 저런 이유로 많이 나가지는 못했지만 나가게 된다면 연습량을 늘리도록 해야겠나는 생각은 하고 있다.

또 하나, 숏게임에 관련하여 샷 이미지를 외우고 있어야 한다. 머릿속에 풀샷 이미지 외에 런닝어프로치, 피칭어프로치에 대한 정확한 이미지를 머릿속에 떠올릴 수 있어야 한다. 머릿속 모범 샷 이미지는 자체로 연습이기 때문이다.

참고로, 골프를 연습하면서 목표로 한 싱글(핸디캡이 한 자릿수인 9 이하인 경우)을 몇 번 하고는 테니스로 관심사가 옮아갔다. 운동량을 더 많이 늘려야겠다고 느꼈기 때문이다. 여하튼 골프를 열심히 연습했던 경험은 다른 무언가를 배우려 할 때 많은 도움이 되었다. 의식적으로, 그리고 무의식적으로.

무의식적인 것을 고치기 위해서는 의식해야 한다. 옳게 고쳐진 것을 무의식화하기 위해서는 의식적으로 반복해야 한다. 반복될수록 점점 의식에서 떨어져나간다. 점차 무의식적 자동화가 이루어진다. 운동 연습의 결론을 모아보자. 목표를 잘게 쪼개고, 피드백 받으면서 무한히 반복한다.

영어,
제대로 연습하기

비영어권인 우리나라에서 영어는 어떻게 연습해야 할까? 수많은 영어 관련 서적이 제각기 많은 노하우를 가르쳐준다. 노하우들 모두는 각각의 장점을 가지고 있다. 하지만 구슬이 서 말이라도 꿰어야 보배다. 많은 노하우를 알려주지만 결국 실천, 연습을 해야 실력이 쌓이게 된다. 영어를 우리나라에서 배우기는 사실 쉽지 않다. 영어 환경에 빠지기가 어렵기 때문이다. 자극이 지속되어서 머릿속에 시냅스를 만들어야 하는데 우리나라에서는 이것이 그리 쉽지 않다. 그래서 영어 환경을 만들기 위해 경제석으로 부담되지만 영어 유치원에 보내고, 조기유학을 보내기도 한다.

어려서 배우면 좋은 점이 있다. 사춘기 전에 외국어를 배울 경우 모국어와 같은 언어 부위에서 외국어가 처리된다고 한다. 일정한 시기를 지나고 나면 모국어 영역 이외의 뇌 영역에서 일이 생여서 생긴다고 한다. 따라서 효율이 좀 떨어질지도 모르겠다. 제2외국어를 언제 배우는 것이 좋은지에 대해 명확한 답을 내리긴 어렵다. 하지만 외국어를 배우느라 모국어 발달을 뒤로 미루는 것은 반대다. 언어를 통해 다양한 생각과 여러 가지 자극을 받을 수 있는데 언어가 깊어지지 못하면 이러한 다양한 자극을 받기 어렵다고 보기 때문이다.

영어에 관심을 가진 자로서 우리나라에서 영어 공부를 어떻게 하면 좋을지 연습 방법에 대해 얘기해보려고 한다. 비전문 분야이고, 사실 영어를 잘 못하는 사람으로 좀 부끄럽기도 하지만 연습론의 관점으로 접근해볼 것이다. 방법에 정답은 없다. 하지만 열심히 하는 만큼, 머릿속을 올바르게 자극하는 만큼, 시냅스를 만드는 만큼 실력이 되는 것은 확실하다. 이러한 믿음으로 영어를 접하는 연습 환경을 살펴보자.

목표는 연습을 제대로 하는 것이다. 가장 급한 약점을 보완하고, 피드백을 받을 수 있는 작은 목표를 정하고, 최대한 자주 반복하는 것이다. 동기부여와 시스템 만들기를 통해서 반복을 지속할 수 있도록 마음을 다잡아야 한다.

r에 대한 단상

영어. 우리 대한민국의 영원한 숙제. 나 또한 영어 때문에 수능에서 점수를 꽤 잃었다. 특히 듣기가 잘 안 되었다. 영어 발음을 태어나서 몇 번 못 듣고 시험을 봤던 거 같다. 내 기억에 7문제가 나왔는데 4문제 정도를 틀린 듯싶다.

 r 발음이 들리지 않았다. 우리나라에는 없는 발음이다. 당시에는 내가 듣지 못한다는 것도 몰랐다. 전공의 2년 차 때 동영상을 보는데 영어자막이 깔려 있었지만 발음이 구분되지 않았다. r과 l. 아무리 들어도 구분이 안 되었다. 당시 여자친구였던 내 아내는 그것을 보고 이해할 수 없다는 표정을 지었다. 왜 안 들릴까?

 우리는 세계를 있는 그대로 보고 듣고 있다고 생각한다. 사실 착각이다. 우리는 우리의 뇌가 인식하는 만큼만 보고 듣고 느낄 수 있다. r이 소리 나고, 귓속 달팽이관의 림프액이 아무리 진동하더라도 머릿속에 r 회로, r 시냅스가 형성되어 있지 않으면 들리지 않는다. r 주파수가 여러 번 반복되어 머릿속 청각 영역에 r에 대한 시냅스 회로가 연결되어야 그때서야 r이 들리는 것이다.

 보기도 마찬가지다. 물체에서 반사된 빛은 눈의 망막세포를 자극하고 시신경을 타고 뇌로 들어온다. 그리고 뇌 속에서 몇 가지 단계를 거친다. 빛 자극은 색깔, 선, 면, 움직임, 양쪽 눈의 입체감 등으로 분해된다. 더 나아가서 선은 또 다양한 각도의 선으로 분해된다. 모서리, 수직선, 수평선 등 세상에 존재하는 모든 대상이 각도의 선으로 분해된다. 이렇게 우리가 느끼는 세상의 자극은 마이크로로 분해되고 다시 재조합된다.

옥스퍼드 대학교의 콜린 블랙모어 Colin Blackmore 교수는 고양이를 대상으로 재미있는 실험을 한다. 고양이를 5개월간 가로줄무늬 방에서 생활하게 한다. 그러고는 상자 위에 올려서 바닥으로 뛰어내리도록 유도한다. 이때 바닥에 가로줄무늬가 있으면 잘 뛰어내리는데, 상자를 90도로 틀어서 바닥에 세로줄무늬가 있으면 뛰어내리지 못한다. 왜, 무엇 때문일까? 고양이에게는 세로줄무늬가 보이지 않아서 바닥이라고 인식할 수 없었기 때문이다. 고양이는 5개월 동안 세로줄에 대한 감각을 사용하지 않아서 세로줄에 대한 감각이 퇴화된 것이다. 하지만 1개월 정도 보통의 공간에서 다시 생활하면서 감각이 회복되었다고 한다.

만약 세상에 수평선이 시각적으로 존재하지 않는다면, 우리는 수평으로 지나가는 시각적 자극을 받지 못하게 된다. 결국 우리 뇌 속에는 수평면에 대한 감각이 존재하지 않게 된다. 나의 눈에는, 아니 나의 뇌에는 수평선이란 존재하지 않게 된다. 들되 듣지 못하고, 보되 보지 못하는 상태가 된다.

이를 다르게 해석하면 감각도 연습이 가능하다는 말이다. 듣기, 보기, 느끼기도 연습이 가능하다는 얘기다. 자주, 반복적으로 사용하면 이에 관련한 세포가 늘어나고, 세포마다의 시냅스가 늘어나고, 뇌세포에 절연물질이 감기면서 감각 영역이 발달하는 것이다.

특정 손가락을 자주 사용하면, 자주 사용한 손가락의 감각 영역이 발달한다. 시각 영역도 수년에 걸쳐서 지속적인 자극을 줘야 완전하게 발달하게 된다. 음악가의 귀는 음정과 박자 등의 변화에 민감하게 반응한다. 청각 영역이 날카롭게 변했기 때문이다.

뇌가소성 분야의 선두주자인 마이클 머제니치Michael Merzenich 박사는 원숭이들을 점점 짧은 시간 안에 소리를 구분할 수 있도록 훈련하는 데 성공한다. 훈련된 세포는 소리에 더 빠르게 반응했고, 발화와 발화 사이에 '쉬는' 시간도 짧았다. 결국 더 빠른 신경 세포는 더 빠른 생각의 속도로 이어지게 된다. 동물을 훈련시키면 뇌세포들이 더 빠르게 발화하기 때문에 신호는 분명해지고, 강해진다. 머제니치는 이러한 장기적인 변화를 일으키기 위해서는 바짝 주의를 기울이는 것이 중요하다고 말한다. 아무 생각 없이 하는 연습과 바짝 주의를 기울인 연습은 차이가 있다. 같은 연습을 했을 때 사람마다 차이가 나는 기본적인 이유는 주의를 얼마나 기울였는가의 차이다. 내적 동기가 충만해 바짝 배우고자 하는 연습의 시간과 마지못해 시간을 때우는 연습의 시간에는 질적인 차이가 있기 마련이다. 내적 동기를 잘 관리하고, 자신의 목표와 지금의 연습이 한 맥락으로 이어져야 하는 이유다.

영어도 마찬가지다. 내적 동기를 얼마나 관리하는가가 성공과 실패를 가른다. 연습하면 어떻게든 실력은 향상된다. 하지만 더 빠르고, 더 지속적인 연습을 하기 위해서는 자신의 내적 동기를 확인하고 또 확인할 필요가 있다. 영어는 내 인생에서 어떤 부분인가?

있으면 좋은 취미인가? 할 수 있으면 좋은 액세서리인가? 아니면 앞으로 나아갈 수 있게 하는 엔진인가? 차분히 인생의 목적과 연결된 나만의 이유, 즉 왜 내가 영어 공부를 해야 하는지 그 이유를 찾아야 한다. 영어의 어떤 부분이 필요한가? 읽기인가, 말하기인가, 아니면 듣기인가? 어느 정도의 실력이 필요한가? 기본적인 의사소통이 필요한가? 아니면 전문적인 글을 쓰는 수준이 필요한가? 인생의 목표와 결합된 나만의 영어 목표를 챙겨야 한다. 필요한 연습량을 가늠하고, 필요한 기간을 가늠하여야 한다. 인생의 엔진으로서 영어를 깊이 인식하여야 어마어마한 시간을 투자할 수 있다. 그리고 같은 연습을 하더라도 좀 더 효율적일 수 있다.

영어는 대부분의 연습이 그러하듯 동기를 부여하는 것이 가장 중요하고도 필수적이다. 특히 영어에서는 더욱 그러하다. 만약 동기가 세팅되지 않았다면 차라리 더 중요한 무언가를 연습하는 것을 추천한다. 액세서리는 없어도 그만이다. 더 급하고, 더 중요한 무언가를 연습하고, 정말 필요하다고 느낄 때 주의를 바짝 세워 연습하는 것이 어쩌면 더 좋은 방법이다.

연습의 기본 공식을 응용하라

자신의 영어 공부 경험을 적어놓은 글을 블로그에서 하나 읽었다. 우리나라에서 영어 공부를 어떻게 해야 하는지 생각하게 하는 글

이어서 잠시 옮겨본다.

"영어를 마스터하겠다는 터무니없는 목표를 세우고 공부에 매진했던 때가 있었다. 그때는 정말 열심히 한다고 했지만, 진척이 없었다. 그래서, 한 가지 아이디어로 생각한 것이 스톱워치를 가지고 공부하는 것이었다. 공부하는 시간을 시간으로 재는데, 일 분 일 초까지도 정확히 측정해서 모든 깨어 있는 시간을 공부에 투자하자는 생각이었다. 밥을 먹을 때도, 훈련을 받을 때도, 버스를 탈 때도, 잠을 잘 때도 영어 단어를 외우고, 머릿속으로 영어 일기를 쓰며 잠이 들었다. 주변에 공부할 도구가 없을 때에는 오늘 아침부터 일어났던 일을 영어로 표현하고, 동화책을 생각하며 머릿속으로 영작을 했다. 깨어 있는 시간에는 오직 영어 생각과 공부에 몰두했으며, 이로 인해 군에서 고참들과 갈등도 많아 사고를 치기도 했다. 영어라면 알파벳 정도밖에 아는 게 없던 내가 토익 최고점수도 받고, 취직도 하고, 지금까지 나름대로의 사회생활을 하게 된 것도 그때의 영어 공부, 정확히 말하자면 그 당시 몰입했던 경험이 있었기 때문이라고 생각한다. 그 시절 치열하게 살았던 삶의 기억이 몸의 일 부분에 체화되어 남아서 어떤 일을 할 때면 보이지 않게 정신과 몸이 먼저 그 기억을 다시 불러내곤 한다. 생활에서 가끔 그러한 투지와 몰입의 의지가 나온다고나 할까."

－짱가(cities6)의 네이버 블로그 중에서
(http://blog.naver.com/cities6?Redirect=Log&logNo=139192458&from=postView)

위의 영어 공부법을 연습론의 관점으로 살펴보겠다. 피드백을 연습량 자체로 했다는 것은 효과적인 아이디어다. 연습량 늘리기를 작은 목표로 삼고 시간 체크로 피드백을 한다. 피드백을 받을 수 있도록 구체적인 양을 체크하는 것이다. 막연하게 '영어 공부를 열심히 해야지' 하는 것이 아닌, 정확하고, 구체적인 시간의 양을 가지고 얼마나 공부했는지를 가늠한 것이다. 이 과정을 통해 공부한 양을 되돌아보면서 동기부여를 하고, 어떤 시스템이 더 많이 연습할 수 있도록 하는지 고민할 수 있다. 가계부를 쓸 때와 비슷하다. 가계부를 쓰면 돈에 대한 내역을 확인해야 한다. 내역을 확인하면서 쓸모없이 나간 돈을 반성하게 된다. 그리고 다음에 비슷한 상황이 되면 돈을 아끼는 방향으로 행동할 가능성이 많아진다. 동기부여와 시스템이 정비되는 것이다.

작은 목표, 피드백, 반복

한국에서 영어 공부하기를 독하게 실천한 이로 박코치라는 분이 있다. 그가 쓴 『박코치 소리영어 학습법』이라는 책에는 공감되는 많은 말들이 있다. 저자는 전직 수영 강사로 영어 왕초보였다. 약 2년 반 동안 하루 12시간씩 영어를 훈련하면서 수많은 시행착오를 거쳐 나름의 영어 시스템을 구축해낸다. 그가 주장하는 것은 1000시간을 거쳐야 영어의 소리 그릇이 형성될 수 있다는 것이다. 단 제대로 된 연습을 해야 한다. 소리 그릇이란 약 3500단어, 즉 중학교 2학년 수준의 단어를 듣고, 말할 수 있는 수준을 말한다. 우리는 영어 소리를 구분하지 못해서 못 듣는 경우가 꽤나 많은 것이다. 우리는 단지 소리를 정확히 발라내지 못해서 안 들리는 경우가 많다. 이렇게 우리나라 사람이 영어의 소리를 정확히 발라내기 위해서는 일정량을 채워서 훈련해야 한다고 주장한다.

소리를 듣고, 어순에 익숙해지고, 영어 구조에 적응하는 임계량을 채우면 몸에서 반응한다. 영어는 지식이 아닌 몸으로 배우는 것이다. 우리가 우리말을 할 때도 마찬가지다. 지금 글을 쓰면서 조사 활용을 생각하고, 문법을 생각하면서 글을 쓰지는 않는다. 저절로 그냥 써진다. 몸속 어딘가에 글 조합에 관련한 기술이 스며들어 있는 것이다. 외국어도 스며들어야 한다. 문법을 외우고, 패턴을 외우고, 문장의 형식을 머리로 외우는 것은 의미가 없다. 몸에서 반응해서 나와야 한다는 것이다. 박코치는 몸에서 나도 모르게 반응해서 나와야 한다고 주장한다. 맞다. 영어는 연습이고, 훈련이다. 머리가 아닌 몸으로 흡수해야 한다. 운동을 배우고, 악기를 배우듯이 몸에서 나도 모르게 나와야 하는 것이다. 반복이 중요하다. 반복하고 또 반복해야 한다.

읽기, 쓰기, 듣기, 말하기

영어는 읽기, 쓰기, 듣기, 말하기 등의 복합 기능이다. 상황에 따라서 더 필요한 것들이 있기도 하겠지만 기본적으로 네 가지 정도로 생각해보자. 언어는 연습이다. 연습을 강조하는 이유는 생각 없이 나오는 것을 목표로 해야 한다는 것이다. 축구를 하고, 피아노를 칠 때 머리로 생각하면서 발을 놀리거나, 손가락을 움직이지 않는다. 반사적으로 발로 차고, 손가락을 움직인다. 말을 할 때도 문법을 생각하고, 조사 활용을 고민하지 않는다. 그저 말할 내용을 생각하면 나머지는 자동적으로 이루어지게 된다. 말을 들을 때도 말의 문법과 조사 활용을 주의해서 듣거나, 발음 하나하나에 귀를 바짝 세우지 않는다. 발음, 문법, 조사는 반사적으로 작용하고 말의 의미만이 남게 된다. 반복을 통해서 우리의 뇌에 들어가서 자동화가 된 것이다.

영어의 목표는 자동화다. 자동적으로 몸에서 나오는 것을 목표로 해야 한다. 자동화, 즉 의식하지 않고 자동적으로 할 수 있으려면 피드백을 받으면서 무한 반복해야 한다. 머리로 생각하지 않아도 입이 저절로 말하고, 발음을 구분하려고 집중하지 않아도 말의 내용에 집중할 수 있는 것을 목표로 해야 한다. 말을 들을 때 조사 활용을 생각하고 발음을 하나하나 고민해야 한다면 우리의 의식 7개를 모두 사용하게 되어서 내용 파악에는 할당할 수 없게 된다. 말을 할 때도 만약 말의 조합을 하기 위해 의식 7개를 다 사용해야 한다면 우리는 한 문장을 내뱉기도 어려워질 것이다. 무의식적인 실행을 하기 위해서는 역시 피드백 받으면서 무한히 반복해야 한다. 하지만 우리의 영어 교육은 이러한 반복을 통한 체화가 아닌 머릿속 지식으로 접근했기에 영어 교육을 10여 년 동안 받아도 외국 사람에게 한 마디 말도 못하게 된 것이다. 아래의 내용은 여러 가지 책에서 공통되는 내용을 나름 정리해본 것이다.

읽기

당연하지만, 읽기는 읽는 연습량을 늘려야 한다. 읽기를 통해 영어의 다양한 어휘, 어법 등을 지속적으로 접할 수 있다. 따라서 우리나라의 환경에서 가장 추천할 만하다.

누구든, 언제든, 어디서든, 책을 보는 것은 가능하기 때문에 가장 효과적일지도 모르겠다. 미국에 날아가는 비행기 삯도 필요하지 않다. 함께 연습해줄 주위 사람을 꼭 필요로 하지 않는다. 언제 어디서든 책 읽을 시간과 공간, 의지만 있으면 된다. 연습량을 채우기에 제일 추천할 만하다.

이 책에서 제안하고 있는 연습 공식을 적용해 하나의 연습법을 들여다보기로 하겠다. 다음은 이수영 영어 원서 리딩 전문가가 제안한 연습법이다.

1. 영어 어순대로 읽어나간다(손가락으로 밑줄을 그으면서 읽어나간다).
2. 최대한 빨리 읽어나가려고 집중한다.
3. 덩어리로 잘라서 읽는다. 가능하면 크게 자른다. 끊어 읽기를 위해 크게 자르다 보면 영어의 덩어리를 느끼기 쉬워지고, 읽기가 빨라진다.

4. 좋아하는 분야, 중요하게 생각하는 분야를 읽는다.

5. 모르는 어휘는 최대한 찾지 않고 뜻을 유추하면서 읽어나간다. 따라서 너무 어려운 단어가 계속되는 책은 피한다.

6. 하루 중 일정한 시간을 정해서 꾸준히 읽는다.

7. 리딩일지를 작성한다(읽은 시간, 페이지수, 읽는 속도 등을 매일 체크해서 실력 향상 정도를 짚는다. 동기부여와 연습량을 한눈에 알 수 있다).

위의 방법을 이 책의 연습론 관점으로 잠시 예를 들어 살펴보자.

1. 작은 목표
   1) 약점 파악 : 해석의 속도가 느리다. 해석이 안 되는 문장이 있다. 단어를 모른다.
   2) 피드백 : 시간을 재면서 해석 속도를 체크한다. 정확한 해석과 비교하고, 해석이 안 된 이유를 파악한다. 모르는 단어를 확인하고 외운다.

2. 반복
   1) 동기부여 : 리딩일지를 작성하여 읽는 속도가 발전하고, 해석 실력이 늘고 있음을 확인한다. 영어책을 읽는 것을 좋아하는지 스스로를 지속적으로 점검한다.
   2) 시스템 정비 : 하루 일과 중에 시간을 정하여 꾸준히 영어책을 읽는다. 항상 책을 들고 다니면서 언제, 어디서라도

읽을 수 있는 시스템을 만든다. 리딩일지를 참고하여 시스템을 꾸준히 재정비한다.

영어권에 살지 않는 우리들에게 좋은 방법이 될 듯하다. 나는 이를 응용한 방법을 내 상황에 맞추어 적용해보았다.

한글책으로 읽었던 내용 중에 다시 보고 싶고, 여러 번 읽어도 좋은 내용의 책을 원서로 사서 읽어 본 것이다. 꽤 도움이 되고, 영어 문장에 푹 빠질 수 있는 좋은 방법이었다.

또한 영어 공부를 위해 두꺼운 토익 책을 보거나, 재미없고, 의미도 남지 않는 토막글을 보는 방법과 비교하면 더 효율적이고, 더 재미도 있었다.

쓰기

읽기와 쓰기는 많은 부분이 다르다. 글을 쓴다는 것은 조합을 한다는 것이다. 단어, 동사, 조사, 관용구 등을 조합한다는 것이다. 한국인이 가장 어려워하는 부분이다. 하지만 필요하다면 어떻게 연습하면 좋을까를 고민해보았다.

1. 영어 일기 쓰기

아는 단어만 나열해도 상관없다. 무엇이든 영어로 쓴다는 것에 의의를 갖는다. 재미와 흥미를 유지하는 것이 더 중요하다. 조금씩 살을 붙이고 문장을 키워나간다.

2. 영어 베껴쓰기

영어글을 읽고 한글로 써본다. 그러고는 한글을 보고 다시 영어로 바꾸어서 써본다. 작은 목표(한글을 영어 문장으로 다시 맞히기)를 피드백(원래 영어 문장과 비교) 받으면서 연습하는 것이다. 또한 본인이 좋아하는 책을 잡아서 외우고 싶은 수준의 문장으로 연습하는 것이다. 옳은 문장으로 피드백 받으면서, 자주, 많이, 그리고 꾸준히 연습한다.

3. 영어 일기의 첨삭과 교정은 흥미를 잃지 않을 정도만 한다.

4. 책에서 읽은 문장을 축으로 다양하게 변형해서 쓰고 싶은 문장을 만들어본다.

5. 2단어 문장, 3단어 문장, 5단어 문장으로 서서히 단어 수를 늘려가면서 글짓기를 실천한다.

듣기

자주 듣는 환경을 만든다. 들으면서 무엇을 듣지 못하는지를 피드백할 수 있는 시스템을 만든다. 피드백을 받으면서 무한히 반복할 수 있는 시스템을 어떻게 만드느냐가 가장 중요한 요소이다. 즉, 환경 또는 습관을 만들도록 아이디어를 모아야 한다. 들리지 않는 약점을 알아야 한다. 약점이 r 발음인지, 억양인지, at 또는 of 같은 단어들인지 알아야 한다. 약점을 들추고 시냅스를 이어야 한다. 약점을 알아낼 때마다 기쁜 마음으로 반복하고 또 반복해야 한다. 다음은 추천하고픈 연습 방법이다.

듣기를 위한 세팅

1. 대본을 구해서 핸드폰 애플리케이션으로 조금씩 끊어 듣는다.

2. 컴퓨터에서 동영상 플레이어로 영어자막이 깔린 영상을 플레이한다. 영어와 한글자막이 함께 있으면 도움이 된다. 환경설정에서 약 2초 간격으로 화살표를 세팅한다. 재생 중에 ← 화살표를 누르면 2초 정도 뒤의 문장을 들을 수 있다. 이 버튼을 누르면서 안 들리거나, 어려운 발음을 무한히 반복한다. 너무 빠르다면 속도를 늦추어서 자세히 잘라서 들어본다. 조금은 잘 들릴 것이다.

요약하면 영어 똑같이 따라하기를 작은 목표로 하고 피드백하면서 꾸준히 반복한다. 소리를 따라하다 보면 나름의 패턴이 모이게 된다.

듣기 연습 방법

1. 받아쓰기

   영화, 뉴스, 미국 드라마, 팝송 등을 들으면서 잘 들리지 않는 부분을 받아쓴다. 받아쓰기를 정확하게 하기 어려운 부분을 몇 번이고 다시 들어서 정확히 듣고 소리를 따라할 수 있도록 한다.

2. 발음 따라 말하기

   듣고 발음을 따라할 수 있도록 연습한다. 정확히 따라할 수 있다면 발음의 입 모양도 훈련될 뿐 아니라 듣기도 정확해진다.

3. 연습한 깃을 2~3일 긴격으로 다시 듣고, 띠리 말히기를 반복한다.

4. 영화 중에서는 어린이용 애니메이션이 발음도 정확하고, 비교적 쉬운 단어로 되어 있으므로 영어 스크립트를 구해서 함께 보면 좋다.

5. 뉴스 듣기 일지 등 훈련일지를 함께 적는다. 임계량을 알고 동기를 부여한다.

6. 팝송을 꾸준히 듣는다. 유튜브에 곡 제목과 가사를 함께 검색하면 노래와 가사를 보여준다. 검색하면 뜻을 친절히 풀어준 경우가 많다. 곡을 따라 부르고 가사를 이용하여 비슷한 문장도 만들어보면 좋다. 매일 먹는 비타민처럼 꾸준히 할 수 있으면 좋다.

말하기

우리나라에서 가장 하기 어려운 연습이다. 하지만 이 또한 연습이 필요하리라. 많은 경험자들은 이야기한다. 많이 이야기하라고. 무서워하지 말고, 부끄러워하지 말고 열심히 이야기하라고. 또 제일 좋은 연습법은 외국인 친구를 사귀는 것이라고. 또 1~2년 외국에 직접 나가서 우리나라 말을 잠시 잊고 영어에 푹 빠져 보는 것이라고. 맞는 말인 거 같다. 외국에 나가서 말하면 피드백을 받을 수 있어서 좋다. 내가 한 말을 외국인이 알아들으면 성공, 못 알아들으면 실패. 지속적인 피드백이 되기 때문에 외국에서 연습하는 것이 사실 가장 좋다. 너무 당연한 말이지만 말이다.

1. 영어 연극을 한다. 감정을 실어 연기를 하면서 똑같은 상황에서 말을 해보도록 한다.
2. 표현을 배우면, 다양하게 응용해서 표현해본다.
3. 말하는 양을 최대한 늘린다.
4. 문법을 생각하지 말고 말한다.
5. 단어만으로 자신이 하고 싶은 말을 하도록 연습해본다.
6. 올바른 문장을 말해야 한다는 생각을 버린다. 어떻게든 말할 수 있는 기회를 늘린다.
7. 자신이 말하는 내용을 녹음해서 교정한다.
8. 영어 일기 등을 통해서 정확한 표현을 조금씩 알아간다.
9. 영어 소모임에 참여하거나 영어 소모임을 만들어 꾸려본다.
10. 전화 영어를 이용하여 말할 공간을 마련한다.

기억,
제대로 연습하기

기억력을 향상시키는 연습에는 동기부여도 아주 중요하지만 효율적인 반복 시스템을 고안하는 게 중요하다. 이를 위해선 시냅스적 관점에서 기억법을 고민할 필요가 있다. 기억법을 다룬 여러 책들을 보면 시냅스적인 부분을 다루지 않고 기술적·경험적인 접근만을 다룬 경우가 많다. 이에 기억 연습을 시냅스적으로 재구성해보았다. 원리를 알면 한계가 명확해지고 적용은 넓어진다.

기억력을 높이는 다섯 가지

기억을 하는 원리를 살펴보자. 시냅스적 관점으로 기억법을 고민해보자.

나누어라

우리의 기억은 덩어리를 좋아한다. 먹기 좋은 크기로 잘라서 하나
씩 먹는다고 해야 할까. 너무 큰 덩어리는 힘겨워한다.

874037403872

이런 통장 계좌가 있는지는 잘 모르겠다. 아무튼 우리 머릿속에
는 자주 쓰는 통장계좌 번호가 하나쯤 있다. 또 주민등록번호를 외
우고 있다. 자세히 보면 몇 개의 덩어리로 나누어서 외우는 경우
가 많다. 전화번호도 마찬가지다. 먹기 좋게 잘라보자. 010-1462-
57XX. 보기 좋고 머리에 부담이 적은 몇 개의 덩어리로 나누어서
외우는 것이 효율적이다.

반복하라

기억은 시냅스다. 시냅스는 세포의 연결을 의미한다. 세포는 자극
이 반복될 때 연결되게 된다. 함께 발화하면 함께 연결된다. 한 번
자극되어 함께 발화하면 단기기억이 형성된다. 단기기억은 수분,
길게는 수시간 정도 간다. 하지만 여러 번 휴식시간을 가지고
수차례 반복하면 DNA가 자극되고 시냅스의 수가 많아지고,
단단해진다. 즉 장기기억이 되어서, 수주, 수개월 동안 유지될 수

있다. 이 책의 핵심과도 통하는 내용이다. 주기적으로 반복하라.

아는 것과 연결시켜라

기억을 잘하는 기본 핵심은 잘 알고 있는 것과 연결시키는 것이다. 아는 것, 이미 형성되어 있는 단단한 시냅스를 이용하여 에너지를 줄이는 것이다. 아는 것이 많은 상태, 즉 어떤 자극을 받았을 때 달라붙을 시냅스가 많이 활성화될수록 기억될 확률이 높아진다. 마치 촘촘한 그물에 더 많은 물고기가 걸리고, 작은 물고기도 놓치지 않는 것과 비슷하다. 기존의 단단한 회로를 이용하라. 쉽게 연결된다. 그림으로 표현하면 A보다는 B에서 외우는 게 더 쉽게 느껴진다.

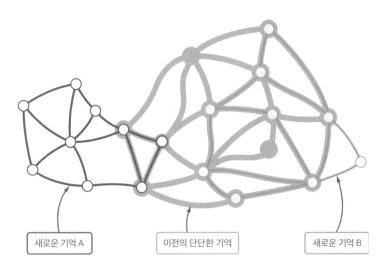

새로운 기억 A

이전의 단단한 기억

새로운 기억 B

기억 A보다 기억 B가 더 쉽게 외워지고, 익혀진다. 기존의 단단하게 연결된 기억을 이용하므로 에너지가 덜 들기 때문이다.

상상력을 발휘하라

생생하고 재미있고 자극적인 상상을 하라. '상상'은 머릿속에서 직접 보고, 듣고, 냄새 맡고, 맛보고, 감각을 느끼는 것을 의미한다. 시각적인 부분이 쉽게 기억되기 때문에 많이 추천하는 방법이다.

눈을 감고 상상해보자. 엄마의 모습을 그려보자. 상상은 직접 뇌 부위를 자극한다. 각자 엄마의 모습을 그려본다. 머리카락, 눈매, 눈가, 웃음, 옷. 그려지는가? 눈에 그려지듯 상상하면 된다. 다시 소리를 곁들여보자. 엄마의 목소리를 귀로 들어보자. 들리는가? 상상 속 목소리를 들어보자. 이렇듯 우리는 이미 보고 들은 것을 다시 상상 속으로 불러오는 것이 가능하다. 더불어서 세상에 없는 것도 상상으로 만들고 변형시켜서 직접 보고 듣는 것이 가능하다.

생생하고, 재미있고, 자극적인 내용일수록 기억에 남을 확률이 더 높다. 감정을 움직일 수 있는 장면, 소리를 만들어서 상상하도록 하자. 마음속 눈으로 보고 귀로 듣자. 상상 속에서 보고 듣고 느낄 때 기억은 관련 뇌 영역과 연결된다. 다양한 시냅스가 여러 개 형성되어 나중에 기억할 확률이 올라간다. 기억은 확률 게임이다. 여러 개의 거미줄을 치면 먹이가 더 잘 걸려들듯 여러 개의 시냅스 그물을 만들자. 다양한 감각을 이용할수록 그물이 넓게 펼쳐진다. 생생하게 상상할수록 그물이 단단해진다.

집중하라

집중이란 무엇인가? 의식을 하나로 채우는 것이다. 흘러가는 경험들을 머릿속에 잡아주는 역할을 한다. 기억하는 데 가장 중요한 부분일 수 있다.

주의 집중에는 두 가지가 있다. 하나는 자발적인 집중이고, 또 하나는 비자발적 집중이다. 자발적 집중은 전전두엽을 이용하여 중뇌에 명령을 내리고, 이어서 중뇌에 있는 도파민 관련한 뇌세포가 해마에 영향을 주게 된다. 도파민은 결국 해마에서 세포를 자극하여 단기 저장이 장기 저장이 되도록 도와준다.

당신 앞에 있는 책의 정중앙에 시선을 고정하고 집중해보자. 그런데 만약 어디에선가 큰 소리가 나거나, 눈앞에 파리가 왔다 갔다 한다면, 큰 소리에, 또는 파리에 집중력을 빼앗길 것이다.

자발적 집중은 위의 예에서 정중앙에 시선을 고정한 상태를 말한다. 뇌의 앞쪽을 사용하는 능동적인 집중이다. 이에 반하여 비자발적 주의 집중은 위의 예에서 큰 소리 또는 파리가 왔다 갔다 하는 것에 집중하게 되는 수동적 집중이다. 감각 영역, 즉 뇌의 뒤쪽에서 영향을 많이 받게 된다. 큰 것, 밝은 것, 움직이는 것, 피, 자극이 두드러지거나 놀라울 때 수동적 집중이 일어난다. 신호등의 빨간색 등도 비자발적으로 집중하도록 세팅된 것이다. 초록불에서 빨간불로 바뀌면서 시선을 끌도록 한 것이다.

운전할 때 내비게이션의 도움을 받으면 갔던 길이라고 하더라도 기억이 잘 나지 않을 수 있다. 하지만 직접 지도를 찾고, 길을 가면서 주위에 있는 건물, 지형 등을 의식적으로 지도와 비교하고 분석해보자. 다음번에 길 찾기가 훨씬 수월할 것이다.

공부할 때도 마찬가지다. 머릿속에서 적극적으로 찾으면서 하는 공부와 끌려와서 어쩔 수 없이 책상에 앉아 있는 공부는 질적으로 엄청나게 다르다. 단위시간당 머릿속 시냅스를 만드는 양이 다른 것이다. 기억은 내재적 동기가 굉장히 중요한데, 주의 집중의 정도가 다르기 때문이다. 집중을 하면 세포가 자극되고, 장기기억으로 넘어갈 확률이 매우 높아진다.

상상력을 발휘할 때 활용할 수 있는 다섯 가지

오감과 연결하라

보기, 듣기, 냄새, 맛보기, 몸 감각과 연결하라. 이들 중에 시각과 연결하면 가장 효과가 좋다. 아마도 인간의 뇌에서 시각 영역이 상당히 크고 치밀하기 때문일 것이다. 즉, 달라붙을 거리가 많다.

예를 들어보자. 빵, 모자, 생선, 구경, 안경. 외워보자, 단어 하나하나를 청각적으로 외워도 되지만 시각을 적극적으로 연결해보자. 이미지를 생생하게 그려보는 것이다. 적극적으로 상상하는 역할은 전두엽이 맡는다. 가장 생생하면서 재미나고, 자극적으로 이미지를 상상해보자. 말로 하면 길고 복잡하게 느껴지지만 시각적인 이미지는 짧고 그리 복잡하지 않다. 내 머릿속 이미지를 말로 풀자니 길고 복잡해지지만 글로 표현하자면 이렇다. 숫자 9(구경이라는 추상적인 단어를 떠올리도록 도와주는 숫자)라고 써진 커다란 안경을 쓴 생선이 빵으로 된 모자를 쓰고 있는 이미지다. 이미지에 정답은 없다. 각자의 머릿속 시냅스가 모두 다르기 때문이다. 각자의 시냅스를 이용하여 생생하게 그림을 그리면 된다. 당신의 이미지는 어떤가?

감정과 연결하라

감정은 독특한 힘이 있다. 우리는 흥분하거나, 화가 나거나, 슬프거나, 아프거나, 힘겨울 때 기억이 많이 난다. 감정이 격하게 올라갈 때 기억하게 될 확률이 높다. 아마도 진화적으로 그러한 때를 기억해야 생존에 도움이 되는 경우가 많았기 때문일 것이다.

감정이 활성화될 때 기억하기 쉽다. 이 부분을 반대로 이용해보자. 기억해야 하는 것을 감정과 연결하여 활성화시킨다. 예를 들어보자. '빨간 사과를 고양이가 먹고 있다.' 약간은 평범한 이 문장은 감정을 불러일으키기 어렵다. 다시 머릿속 이미지를 좀 무섭게, 자극적으로 바꿔보자. 다시 말하지만 머릿속 이미지를 말로 하면 길어지고 복잡한 느낌이 들지만, 글로 옮겨야 하니 이해하길 바란다. '새 빨간 피가 솟아나는 사과를 고양이가 핥아 먹고 있다' 어떤가? 당신은 좀 더 강한, 자극적인 이미지를 떠올려서 감정을 자극하도록 하라. 기억할 확률이 올라간다. 기억은 확률 게임이다. 시냅스를 많이 이용할수록, 다른 단단한 연결과 또다시 연결할수록 기억의 확률은 올라간다.

운율과 연결하라

1588-3082 도미노피자, 함께 즐겨요 피자헛. 어떤가? 머릿속에서 음률을 타면서 함께 나온 말들이다. 알고 있는 음률과 연결하면 쉽게 기억되기도 한다. 머릿속에 광고를 집어넣을 때 음률을 반복하고 함께 광고 문구를 반복하면 이렇게 기억하기 쉽다.

장소를 연결하라

장소라는 감각(?)은 독특한 뇌 영역이다. 장소 세포가 해마에 존재한다고 한다. 우리가 어떠한 장소에 가면 특정한 장소 부분마다 세포가 모자이크처럼 겹쳐서 발화한다고 한다. 기억의 기법 중 잘 알고 있는 장소와 연결하는 방법(로마방 기억법)이 있는데 아마도 장소 세포와 연관될 것으로 보인다.

경험으로 미루어 짐작하건대, 개인적인 경험 기억이 장소와 연결되는 경우가 많은 것 같다. 예를 들면 오늘 아침에 무슨 반찬을 먹었는가라는 질문을 받았다고 하자. 이것을 기억하려면 머릿속으로 오늘 아침에 먹었던 상황으로 다시 가게 된다. 그러고는 식탁에 앉아 있는 상황 속에서 앞에 있는 반찬들을 마음속 눈으로 보게 된다. 즉 순간적으로 머릿속으로 집으로 가서 식탁에 앉아서 반찬을 확인하는 것이다. 오늘 아내가 어떤 옷을 입고 있었는지 생각해보자. 머릿속으로 함께 있었던 장소와 시간으로 날아가서 마음속 눈으로 확인한다. 장소와 시간에 개인적인 여러 기억들을 붙이는 역할을 해마가 수행하지 않을까 하고 추정해본다.

로마방 기억술이라는 것이 있다. 기억해야 하는 것을 잘 알고 있는 장소와 연결하여 외우는 것이다. 상당히 강력하고 효율적이다.

예를 들어보자. 밥, 연탄, 컵, 농구공, 키보드, 이 5가지를 외워보자. 5가지 정도는 그냥 외워도 쉽지만, 더 많아지면 외우기 어려워질 수 있다. 우선 5가지만을 기억해보도록 하자. 당신의 집에 5가지 큰 가구에 번호를 붙여보자. 무거운 물건은 작은 물건에 비해 같은 장소에 고정되어 반복 기억되므로 더 단단할 것이다. 즉 식탁, 냉장고, 소파의 위치 기억은 핸드폰, 책, 열쇠의 위치 기억보다 단단하다. 아무튼 우리집을 기준으로 해보겠다. 머릿속에서 문을 열고 들어가면 차례로 현관문, 소파, 식탁, 냉장고, 텔레비전이 보인다. 이것을 시각적으로 위 단어들과 생생하고 재미있게, 자극적으로 연결하여 상상해보자.

나의 이미지는 1) 밥알이 으깨져서 현관문에 덕지덕지 붙어 있는 모습 2) 연탄재가 소파에 흩어져서 더러워진 모습 3) 엄청나게 큰 알록달록 컵이 식탁을 뚫고 있는 모습 4) 커다란 농구공이 냉장고에 박혀 있는 모습 5) 텔레비전이 키보드 모양으로 변신되어 있는 모습이다. 이처럼 나의 이미지를 생생하게, 재미있게 만든다. 그리고 머릿속으로 나의 집을 한 바퀴 돌아본다. 그리고 본다. 현관문을 열고 들어간다. 밥풀이 많이 묻어 있군. 소파를 지나가면서 또 본다. 연탄재는 누가 뿌렸나. 식탁에 웬 컵이 꽂아져 있나, 냉장고에 누가 농구공을 넣어두었나. 다음 텔레비전을 본다. 키보드 모양으로 요상하게 변신되어 있다. 잘 알고 있는 장소를 돌면서 잘 알고 있는 가구와 생생하게, 재미있게 시각적으로 연결한 것이다.

장소는 내가 알고 있는 것이면 어떤 것이든 상관없다. 나의 몸도 장소가 될 수 있다. 내가 알고 있는 스타크래프트 맵(컴퓨터 게임)이 될 수도 있다. 또는 물병을 크게 확대해보자. 물병 뚜껑이 있고, 물병 바닥이 있고. 여하튼 물건을 확대시킨 것도 장소가 될 수 있다.

책이라고 하면 책장 오른쪽 귀퉁이가 될 수도 있고, 왼쪽 귀퉁이가 될 수도 있다. 예전에 시험 볼 때 이미지로 잘 기억하는 한 의대 동기생이 있었는데 자신은 책의 이미지로 기억이 난다고 했었다. 책의 오른쪽 귀퉁이에 써진 내용으로 기억된다고 했다. 아마도 이런 맥락과 연결되지 않을까 싶다. 이미지와 장소로 기억되는 것이다.

이야기로 만들어라

이야기로 만든다는 것은 무엇을 의미할까? 이야기란 의미들이 시간을 축으로 서로 유기적으로 결합하는 것을 말한다. 영화의 예고편을 보면 화면이 복잡해 보인다. 이야기의 흐름을 모르고 보면 장면 하나하나가 연결성을 잃게 되므로 어떤 장면이 있었는지 기억하기 어려워진다. 하지만 영화를 보고 나면 이야기 속에 장면들이 서로 톱니바퀴마냥 조합된다. 따라서 쉽게 장면들을 기억하고 떠올릴 수 있게 된다. 예고편을 다시 보았을 때 어떤 부분에서 나온 장면인지 금방 알 수 있게 된다.

핵심은 이야기를 만든다는 의미다. 서로 연결되어 위치를 파악하기 쉽고 서로 맞물려서 빠지는 것이 적어지게 된다.

콩쥐, 팥쥐의 이야기를 보자. 콩쥐가 있으니 팥쥐가 생각나는 것이고, 더불어 계모도 생각난다. 그들이 콩쥐를 구박했던 것이 생각나고, 소, 두꺼비, 아마 참새도 등장했던 거 같다. 고을 사또도 있었고, 고무신이 중요한 연결 고리였다.

이야기를 알면 연결된 많은 것들이 함께 뽑아져 올라올 가능성이 높다. 무순을 뽑았을 때 줄줄이 연결된 것들이 함께 올라온다. 즉 기억의 확률이 높아지게 된다.

그는 어떻게 모든 것을 기억할 수 있었을까?

러시아의 세계적인 신경학자 알렉산드르 로마노비치 루리야 Alexander Romanovich Luria의 『모든 것을 기억하는 남자』라는 책을 살펴보자. 제목 그대로 모든 것을 기억하는 사람에 대한 보고서 형식의 이야기이다. S라는 이니셜로 불렸던 그는 전직 기자였는데 회의를 하는 동안 독특했다고 한다. 직장 상사가 공지사항을 이야기할 때 다른 이들이 정신없이 받아 적는 동안 멍하니 그냥 들었다. 딴짓을 하고 있다고 생각한 상사가 내용을 물어보면 모든 것을 완벽하게 외워서 말했다. 그는 복잡한 수학 공식이나 커다란 난수표, 외국어로 된 시를 몇 분 안에 외우는 등 놀라운 능력을 보였는데 더욱 기이한 것은 지능 검사에서는 천재가 아닌 보통 수준이었다. 이러한 괴물 같은 기억은 어떻게 가능할까?

연구에 의하면 그는 공감각 능력을 지니고 있었다. 예를 들면 한 가지 음을 들려주면 그 음에 어울리는 색깔을 떠올리게 되고, 숫자마다 나름의 개성을 느꼈다. S가 느끼기에, 1은 덩치가 좋은 남자, 2는 발랄한 여자, 3은 침울한 사람, 6은 발이 부은 남자, 7은 콧수염 달린 남자, 8은 아주 뚱뚱한 여자였다. 그러니까 28이라는 숫자를 보면 발랄한 여자와 아주 뚱뚱한 여자를 보게 된다.

공감각은 하나의 감각으로 끝나는 것이 아닌, 여러 가지 감각이 서로 혼합되어 지각되는 것을 말한다. 소리를 들으면서 맛을 보고, 맛을 보면 소리가 느껴지고, 촉감에서 빛과 색 등을 보는 현상이다. 즉 두 가지 이상의 감각 영역이 서로 연결되어 한 가지 자극에 두 가지 감각 영역이 반응하기 때문에 나타나는 현상이다. S의 공감각은 소리와 맛에도 시각 영역이 연결되어 S는 특이한 이미지를 경험하였다. S는 시각적 이미지를 본인이 아는 장소에 정신적으로 놓아두고 다시 그 공간을 정신적으로 거닐면서 그 이미지를 확인하는 방법으로 기억하면 된다고 한다.

하지만 그도 잘 기억나지 않을 때가 있었다. 가령 '계란'이라는 단어 이미지를 흰 벽 앞에 놓아두면, 계란이 벽 색깔과 섞여 흰 벽을 지날 때 계란을 기억하지 못하는 것이다.

하지만 그는 공감각의 대가였을지는 모르지만, 은유라든지, 추상적 언어, 동음이의어 등에 대한 이해력이 무척이나 떨어졌다고 한다. 이러한 단어들의 속뜻은 또 다른 상위 레벨과의 연결을 필요로 하는데 이러한 연결이 완전하지 못해서였을까? 아무튼 그는 기자 생활을 그만두고, 다른 이에게 자신의 기억 묘기를 선보이는 기억술사를 직업으로 삼게 된다. 그의 기억은 지워지지 않고 너무나 생생한 나머지 5분 전의 일과 5년 전의 일을 구분하지 못하는 지경이 되어 결국 정신병원에서 생을 마감했다.

다른 이들이 꿈꾸고, 부러워할 만한 그의 경이로운 기억력은 단순한 축복만은 아니었던 것 같다.

기억력 챔피언 1년 만에 되기

『1년 만에 기억력 천재가 된 남자』라는 책을 기억력 천재 S와 비교하여 살펴보자. S와 마찬가지로 저자 또한 현직 기자이고, 우연히 기억력 대회를 취재하러 갔다가 제안을 받게 된다. 엄청난 기억력을 가진 기억력 선수들이 스스로를 평범한 사람이라고 말하며, 당신도 연습하면 충분히 할 수 있다고 대회 출전을 권유한다. 그는 출전했고 결국 1년 간의 진지한 연습을 통하여 전미 기억력 챔피언이 된다.

기억력 선수들의 연습 방법을 살펴보자. 그들은 다양한 숫자를 이미지로 외우고, 빠르게 반복할 수 있도록 연습한다. 예를 들면 아인슈타인은 특수한 숫자(56)를 뜻하고, 문워킹을 하는 행위(98)도 어떤 숫자를 뜻한다. 만약 합치면 4자리 수(56,98)의 조합을 한

가지 이미지로 외우는 것이 된다. 이러한 이미지를 숫자와 연결해서 외우고 반복해서 연습하게 된다. 00부터 99까지의 모든 이미지를 외우고 바로 이용할 수 있게 되면 이때부터 많은 응용 기술을 활용할 수 있게 된다. 많은 수를 네 자리씩 잘라서 이미지로 만들고, 로마방 기억술로 자신만의 공간에 시각적인 배치를 하는 것이다.

저자는 하루에 수시간씩 초시계를 들고, 트럼프 카드를 순서대로 외우면서 연습한다. 조금씩 실력이 늘어가던 상태에서 일정기간 동안은 실력이 향상되지 않는다. 흔히 말해 벽에 부딪힌 상태가 된다. 그는 전문가에 대한 전문가로 불리는 앤더슨 에릭슨에게 도움을 구한다. 에릭슨은 천재로 추앙받던 모차르트가 후천적으로 만들어졌음을 과학적인 분석과 증거로 설득력 있게 말한 사람이자 기억도 훈련으로 개발될 수 있음을 실험으로 밝혀낸 사람이다. 앤더슨은 저자에게 몇 가지 충고를 하는데 내용은 이렇다.

저자는 '오케이 플라토'라는 상태이고 이는 무의식적으로 연습하기 때문이라고 말한다. 즉, 특정 기술이 발달하는 단계 중에서 무의식적으로 하는 단계로 접어든 것으로 보았다.

컴퓨터의 키보드를 예로 들어보자. 처음에 자판을 칠 때는 하나하나 글자 배열을 보고 독수리 타법 비슷하게 친다. 평생을 독수리로 빠르게 치는 사람도 있다. 하지만 독수리 타법을 무의식적으로 익히고 나면 올바르게 타자법을 익혀서 빠르게 치는 사람을 따라 하기가 어려울 것이다. 일정 수준의 경지까지는 가능하지만 그 이상으로 더 빠르게 치고 싶다면 그는 의식적으로 다시 타자 치는 방법을 배워야 한다. 처음에는 더듬더듬 쉽지 않겠시만 꾸준히 연습히면 전차기어이 머리에 장착되어 곧 익숙해질 것이다. 하지만 또다시 어느 일정 수준 이상이 되면 속도를 내기 어려운 순간이 또 온다. 연습이 무의식적인 수준으로 가서 또다시 '오케이 플라토'가 찾아오는 것이다. 이때가 다시 무의식적인 연습을 업그레이드해야 하는 때이다. 일정한 시간을 목표로 하고 조금 더 빠르게 치도록 의도적인 연습을 해야 하는 것이다. 실수를 두려워하지 말고 조금 더 빨리 치는 것에 목표를 두고 빠르게 치는 연습을 다시 디자인해야 한다.

저자는 이러한 충고를 새겨듣고 여러 가지 새로운 방법으로 다시 연습을 진행한다. 메트로놈을 구해서 자신이 외우던 속도보다 약간 더 빠르게 세팅하고 그 속도에 맞추는 것을 목표로 연습하게 된다. 또 잘 암기되지 않았던 것은 왜 외워지지 않았는지를 복기하고 고민하면서 피드백한다. 그의 연습법은 적중하였고, 결국 오케이 플라토를 넘어설 수 있게 된다.

친구 중에 바둑을 잘 두는 친구가 있다. 워낙에 잘 두지만 본인 말에 따르면 최근 들어서 많이 늘었고, 아마추어 수준에서 최강이 되었다고 자랑했다. 친구의 바둑 연습 과정을 잠시 살펴보자. 친구는 일주일에 한 번 바둑 고수에게 배운다. 고수는 친구에게 말한다. "바둑을 두지 마라." 바둑을 가르치러 와서는 친구에게 처음 내던진 말이다. 이는 계속되는 무의식적인 실수가 반복되기 때문일 것이다. 그러고는 몇 가지 문제를 복기하고, 풀도록 한다. 친구는 머리속으로 진행되는 무의식적인 흐름을 막고, 다시 의식적인 새로운 연결을 만들어나간다. 연습을 하되 본인이 하던 실수를 막을 수 있도록 연습 방법을 업그레이드했던 것이다. 여하튼 친구는 바둑 사이트에서도 최고 단계로 올라갔으며, 승률이 꽤 좋을 정도로 실력이 향상되었다고 한다.

영국의 우생학자이자 탐험가인 프랜시스 골턴Francis Galton은 『유전하는 천재』라는 책에서 성장하다가 어느 시점에서 큰 벽에 부딪히는 경험을 언급하게 되는데, 그는 "학습이나 노력으로 극복할 수 있는 것이 아니다"라고 이야기한다. 하지만 앞서 말한 '전문가에 대한 전문가'인 에릭슨은 많은 연구에서 그와 반대되는 경우를 만나게 된다. 벽은 선천적 한계라기보다는 우리 자신이 설정한 만족도와 관련이 있다고 믿게 된다. 에릭슨은 저자에게 기억력 향상을 키를 크게 하거나, 시력을 향상시키는 것과 같이 보지 말고, 마치 악기를 다루는 법을 연습하는 것으로 보기를 권유한다. 에릭슨은 사람들이 본래 스스로 심리적인 장벽을 두는 경향이 있다고 덧붙인다.

우리는 신체적인 부분을 바꾸기 어렵다는 것을 알고 있다. 부모의 키가 크면 아들의 키가 클 확률이 높다. 부모의 귀가 동그랗다면 아들은 동그란 귀를 닮을 확률이 높다. 이러한 근거로 머릿속 모양도, 재능도 닮을 가능성이 높다고 생각한다. 앞에 언급한 에릭슨의 조언은 꽤 새겨들을 만하다.

기억력 선수들이 사용하는 방법을 간단히 살펴보자. 00~99까지의 PAO(사람, 행동, 물건 : person, action, object) 이미지를 각각 만들고 외운다. 57이라는 숫자는 손흥민 선수(Person)가 동료에게 공(object)을 완벽하게 패스하는(action) 이미지로 외운다. 37이라는 숫자는 오프라 윈프리 방송인(person)이 마이크(object)를 들고 강연(action)을 한다. 49라는 숫자는 엄홍길 대장(person)이 큰 가방(object)을 메고 산을 오르는(action) 이미지로 외운다. 이렇게 100가지 이미지를 만들고 6자리 숫자를 외워보자. 만약 57-37-49 숫자라고 한다면 이미지를 하나로 만들어보자. 손흥민 선수(person)가 마이크(object)를 들고 산을 오르는(action) 이미지다. 6개의 숫자가 한 개의 이미지로 환원된 것이다. 이 이미지를 자신이 알고 있는 장소에 세워두면 나중에 6자리 숫자가 쉽게 외워진다.

『모든 것을 기억하는 남자』에서 S는 선명한 공감각을 느끼는 사람이어서 이러한 이미지를 힘들게 외우지 않아도 되었던 사람일 것이다. 기억력 선수들은 수천 시간을 연습해서 숫자와 시각 이미지를 연결하여 장기기억화시킨 사람들이다. 어쩌면 S의 엄청난 기억력은 선명한 공감각 때문이었을 가능성이 높다. 그는 나중에 기억술사가 되어서는 장소법(로마의 궁전기술)을 섞어서 이용한다. 기억력 선수들도 결국 비슷한 기법을 사용한다. 즉 숫자 또는 단어를 시각적 이미지로 변환시키고(공감각), 공간 속에 두고 이미지를 선명하게 보이도록 집중하는 것이다. S의 기억 속에 기억이 잘 안 되는 부분을 읽어보면 이미지가 뿌옇고, 흐리고, 다른 이미지에 가려서 잘 보이지 않는다는 표현을 쓴다. 기억력 선수들의 표현과 매우 흡사하다.

시각 영역은 우리 두뇌에서 꽤 많은 영역을 차지한다. 시각 영역이 완전해지기 위해서는 수년간의 자극이 올바르게 지속돼야 한다. 약시라는 상태는 눈에 자극이 약해서 머릿속에 시각 영역이 완벽하게 자리 잡지 못할 때 발생한다. 즉 아무리 안경의 렌즈를 교정하여도 일정 수준 이상으로 시력이 좋아지지 않는다. 치료는 양쪽 눈을 번갈아가면서 안대로 막아주어서 양쪽 눈으로 가는 자극을 유지하도록 하는 방식으로 이루어진다. 아마도 머릿속에 시각 영역이 크고도 치밀하기에 이를 사용하면 기억에 남을 확률이 높아지나 보다. 우리는 한 번 들은 이름은 까먹어도 한 번 본 얼굴은 꽤 오래 기억하는 경우가 많다. 시각 영역이 더 치밀한 시냅스이기에 가능할 것이다.

또한 해마에는 장소 세포라는 것이 있는데 어떤 장소에 가면 장소를 기억하는 역할을 하게 된다. 장소는 인간이 3차원의 공간 속에 살면서 세상을 기억하는 기본이 된다. 일상적인 생활 속 기억을 가만히 살펴보면 이러한 공간 속에서 기억하는 경우가 많다. 의미기억이라 불리는 나라 이름, 역대 대통령 이름 등은 수차례 다른 시간과 공간 속에 반복되면서 시공간적 기억, 에피소드 기억이 떨어져나간 것은 아닐까 싶다. 아무튼 이러한 해마의 장소 세포를 이용하여 기억하면 확률이 높아진다. 기억력 천재도, 기억력 선수도,

경험적으로 알게 된 것이다. 장소와 이을 때, 시각적인 김각피 이
을 때 기억이 강력해진다는 것을 말이다.

생각,
제대로 연습하기

우리는 항상 생각을 한다. 생각은 시냅스의 자극 흐름이 의식적, 무의식적으로 발현된 것이다. 너무도 빠르게 흐르기 때문에, 또는 자동적으로 흐르기 때문에 의식하기 어려울 수 있다. 만약 '생각'의 흐름을 의식할 수 있다면 '생각'도 연습의 대상이 될 수 있다. '생각의 내용'은 행복과 직접 맞닿아 있기에 가장 중요한 연습의 대상이기도 하다. '생각'의 구조를 깨닫는 것은 연습의 출발점이 될 수 있다. 시냅스적 관점으로 '생각'을 바라보고 연습한다면 역시 반복이 중요하다. 머릿속에 흘러가는 '생각'을 감지하고 인생에 도움이 되는 '생각'이 흐르도록 '생각'을 관찰하고 연습하자. '생각'은 연습의 대상이 될 수 있다.

우리의 삶은 우리가 품은 생각의 총합으로 이루어진다. 인생에 도움이 되는 방향의 생각 연습은 삶을 충실하게 아는 기본이 된다. '생각'에 끌려 다니지 않고 '생각'을 다룰 수 있는 고삐를 손에 쥘 필요가 있다.

객관적 거리에서 상황 해석하기

긍정심리학자 마틴 셀리그만Martin Seligman은 흘러가는 순간의 '생각 흐름'을 이야기하면서 습관적으로 흐르는 부정적인 생각을 긍정적으로 패턴화할 수 있다고 주장한다. 그가 이야기한 방법을 살펴보자.

우리는 어떻게 해석하고, 어떻게 행동할지 선택할 수 있다.

예를 들어보자. 한가로이 공원 잔디밭에서 낮잠을 자고 있는데 무언가가 머리에 부딪힌다(상황). 순간 누군가 고의적으로, 또는 부주의해서 자신의 단잠이 방해했다고 생각한다(해석). 이런 생각이 들면서 화가 난다(감정). 소리를 지르거나, 불쾌함을 표현한다(행위, 결과).

우리는 상황을 경험한다. 그리고 상황에 대해 해석하고, 그에 따라 감정이 일어난다. 그리고 느낀 감정으로 행위를 하고, 그에 따른 결과가 나타나게 된다. 만약 무언가가 부딪혀서 화가 났다가도 이에 대한 해석이 바뀐다면 감정이 바뀔 수 있다. 바람 때문에 어떤 물건이 부딪힌 것이라 하면(해석) 화가 났던 마음은 누그러들고(감정) 더 이상 화를 내지 않게 된다(행위, 결과).

생각의 흐름을 잘게 쪼개서 바꿀 수 있는 부분에 노력을 집중해보자. 무엇을 바꿀 수 있는가? 상황인가? 상황은 바꾸기 어렵다. 자신의 영향력으로 어쩔 수 없이 일어나는 경우가 대부분이다. 해석인가? 상황이 발생한 이후에 이에 대한 해석을 어떻게 할 것인가는 상당 부분 바꿀 수 있다. 해석이 바로 우리가 집중해야 할 부분인 것이다. 여기에서부터 감정이 바뀌고, 행위가 바뀌고, 결국에는 결과가 바뀔 수 있다. 따라서, 바꾼 해석으로 자신의 영향력은 확장되어 상황을 주도할 수 있게 된다.

또 하나 명심할 점은 이미 발생한 감정은 어쩔 수 없다는 것이다. 슬프고, 억울하고, 기분 나쁜 감정도 사실 자연스러운 나의 한 부분이라는 것을 인정해야 한다. 자신의 감정을 옳게 바라보고 인정하지 않으면 장기적으로 문제가 될 수도 있다. 마치 맥주캔을 흔들고 캔뚜껑을 땄을 때처럼 엉뚱하게 폭발하는 상황이 일어날 수 있다. 미리 조금씩 압력을 빼주고 정확하고 정직하게 감정을 바라볼 필요가 있다. 머릿속에 시기, 질투, 분노 등의 감정이 일어난 것을 부정하지 말고 가만히 바라볼 필요가 있다. 인간적 감정을 느끼도록 스스로에게 허락하도록 한다. 이러한 감정을 솔직하게 인정하고 용감하게 대면하더라도 한 번 더 기회가 있다. 바로 감정과 행위와의 간극이다. 행위에는 우리의 영향력이 다시 한번 미칠 수 있다. 감정과 행위에는 또 하나 큰 간격이 있다. 감정은 받아들이되 행동은 선택할 수 있다. 해석과 행동은 우리에게 선택권이 있다.

해석이 우리의 감정을 좌우한다

항상 발생한 일에 대한, 상황에 대한 해석을 어떻게 하고 있는지를 '의도적으로' 살펴야 한다. 도움이 되는 생각인지, 아닌지를 의식적으로 검열하는 습관을 기르도록 한다. 좋은 감정을 일으키고, 의욕적으로 상황에 대처할 수 있도록 해석의 근육을 키워야 한다.

『성공하는 사람들의 일곱 가지 습관』의 저자 스티븐 코비는 "자극과 반응 사이에는 큰 간격이 존재한다"라고 말한다. 즉 자극에 대하여 반사적으로 반응하지 말고, 자극에 대하여 주체적으로 반응할 것을 이야기한다. 이를 책에서는 "주도적이 되라"는 말로 요약한다. 즉, 자극에 대하여 반응을 선택하라고 이야기한다. 이를 통하여 더 자유로워질 수 있고, 자신이 미칠 수 있는 영향력은 더 커질 수 있다.

나치의 홀로코스트에서 살아남아 로고 테라피를 만든 빅터 프랭클Victor Frankle도 비슷한 말을 한다. "자극과 자극 사이에는 공간이 있다. 그 공간에는 자신의 반응을 선택할 수 있는 자유와 힘이 있다. 그리고 우리의 반응에 따라서 우리의 성장과 행복이 좌우된다."

마틴 셀리그만은 언어와 사고 습관을 이야기하면서, 좋은 일에 대해서는 보편적이고 영구적으로 해석하고, 나쁜 일에 대하여는 특수하고 일시적으로 해석하는 버릇을 기르라고 조언한다. 예를 들면 시험 성적이 좋게 나왔다고 하면 '역시 나는 똘똘해(보편적)', '이전에도 그랬지만 앞으로도 성적이 좋게 나올 거야(영구적)'라고 생각하도록 하라는 것이다. 반대의 경우, 즉 시험 성적이 좋지 않을 경우에는 '이번 시험 준비를 잘 못했네(특수적)', '다음 시험은 제대로 노력하면 잘 볼 거야(일시적)'라고 생각하라는 것이다. 겸손은 사람과의 관계에서 중요한 윤활유 역할을 하지만, 여기서 이야기하는 것은 자신을 너무 가혹하게 대하는 생각의 습관을 끊으라는 조언일 것이다.

나의 '주의', '해석', '기억'을 가만히 살펴보는 것이 필요하다.* 마음속 생각의 흐름을 예리하게 잡아내어 분해하는 작업이 필요하다. 무의식적으로 이루어지는 편향되고 가혹한 '해석'을 잡아내고, 나쁜 일과 나쁜 상황에만 '주의'를 기울이고 '기억'하는 것은 아닌지 가만히 머릿속을 살펴야 한다.

또한 개인적으로 덧붙이건대 상황에 대한 해석이 노력을 지속하도록 유도하는지도 중요한 부분이다. 시험을 잘 보았으니 머리가 좋다는 증거이고, 공부를 안 해도 되겠다고 생각하는 것은 노력을 막는 생각이므로 추천할 만하지는 않다. 기분 좋은 느낌이 들면서도 노력을 즐겁게 할 수 있도록 하는 상황 해석이 가장 추천할 만하다. 주위 사람이 보기에 너무 거만하거나, 부담스럽지 않은 정도를 유지하는 것은 또 다른 지혜가 될 듯하다.

상황 해석에도 연습이 필요하다

상황에 대한 해석은 정신적인 습관이다. 비관주의는 머릿속 시냅스 중에 자꾸만 특정한 시냅스, 스스로를 가혹하게 해석하는 습관적 시냅스를 사용하는 것이다. 상황을 바라보는 해석에도 연습이 필요하다.

기억하는가? 연습이 효율적이려면 피드백이 중요하다. 생각 연습에 필요한 두 가지 중요한 피드백을 살펴보도록 해보자.

한 가지 방법은 어떤 생각, 해석을 했을 때 기분이 좋은지 아닌지를 가만히 살펴보는 것이다. 상황에 대하여 해석을 했을 때 기분이 좋도록 연습한다. 여러 차례 의도적으로 반복하면 상황을 좋게 해석하는 '실력'이 발전한다.

또 한 가지는 이러한 해석이 노력이나 연습을 꾸준히 하도록 하느냐도 중요하다. 무기력해져서 성장을 유도하지 않는 해석은 좋은 해석이 아니다. 또는 자신의 재능만을 믿고, 노력하지 않게 하는 해석은 좋은 해석이 아니다. 즉, 기분 좋게, 그리고 올바르게 노력할 수 있도록 하는 해석을 연습하자. 이러한 연습은 평생을 지속해야 한다. 기분 좋은 생각, 감사한 마음을 유지한다는 것은 생각보다 쉽지 않다. 꾸준한 관심과 노력이 필요한 평생의 프로젝트다.

한 가지 쉽고 간편한 연습법을 소개해보겠다. NLP Neuro-Linguistic Programming라는 심리기술로 앤서니 라빈스 Anthony Robbins가 널리 알린 방법이다. 간단한 규칙을 만든다. 약 10일 동안 기분이 안 좋아지는 모든 생각, 비유와 해석을 하지 않도록 한다. 만약 5분 이상 이러한 생각에 빠졌을 때는 다시 10일을 목표로 리셋한다. 앞으로의 10일 동안을 꾸준히 기분 좋은 생각만을 하도록 한다. 어떤가? 해볼 만한가? 방법은 쉽지만, 결코 쉽지만은 않은 연습이다. 평생을 두고 해야 하는 연습이 될 듯하다. 10일 간의 기분 좋은 생각 연습! 도전해보자. 물론 위에서 이야기한 '감사하기' 연습도 추천한다. 중요한 것은 집중된 연습, 지속적인 연습을 해야 한다는 것이다.

연습의 목표를 다시 생각해보자. 사실 사람이 끊임없이 기분 좋을 수는 없다. 우리는 기계가 아닌 사람으로 많은 상황에 대하여 여러 가지 감정을 갖게 된다. 연습의 목표는 무의식적인 우리의 해석을 연습하는 것이다. 골프 스윙은 무의식적으로 나온다. 운전하면서 차선을 변경할 때 자기도 모르게 깜빡이를 켜고 백미러를 본다. 반복해서 자동화된 반응이기 때문이다. 우리의 해석과 주의 집중도 골프 스윙, 운전하기처럼 무의식적인 반복의 결과이다. 우리는 무의식적으로 해석하고, 무언가에 주의를 집중한다. 또 무의식적으로 경험에 의미를 부여하고 이야기를 입힌다. 이러한 무의식적 습관을 바로잡기 위해서는 의식적으로 집중해야 한다.

생각 연습의 목표는 비합리적으로 부정적으로 생각하는 무의식적 습관을 바로잡아나가는 것이다. 사랑하는 사람이 아프고, 승진에서 떨어지고, 시험에 낙방했다면 마음이 아픈 것이 당연하다. 감정은 받아들이되 그러한 아픔 속에서도 상황을 재구성하는 마음 연습이 가능하다는 것노 알아야 한다. 위협을 도전으로, 의무감을 특권으로, 시험을 모험으로, 실패를 피드백으로, 큰 틀을 다시 바라볼 수 있는 무의식적 해석을 연습해야 한다. 골프 스윙을 바꿀 때처럼 반복하고 반복해야 한다. 다시 스윙 교정 과정을 돌이켜보사. 옳지 못한 스윙의 한 부분을 찾는다. 의식을 집중해서 고치도록 한다. 고쳐지고 있는지를 피드백하면서 여러 번 반복한다. 반복할수록 점점 무의식적인 스윙이 된다. 정확한 모양의 스윙을 반복하면서 나도 모르게 하는 수준으로 될 때 진정한 나의 스윙 실력이 된다.

10일 동안 긍정적 감정을 일으키는 스스로의 해석 연습을 해보자. 단, 완벽은 없다. 완벽을 위한 노력만이 있다. 그리고 목표는 지금의 해석보다 조금 더 긍정적으로 바라보는 것을 작은 목표로 삼는다. 긍정적 정서를 유발하는 해석 연습은 5분 유지를 목표로 하여 시작하자. 만약 5분 동안 가능하다면 10분, 또 가능하다면 15분, 이렇게 조금씩 양을 늘려가보자. 마치 마라톤 연습할 때 1킬로미터, 5킬로미터, 10킬로미터, 하프, 풀코스, 또 조금씩 기록을 줄여나가는 것처럼 자신만의 작지만 쉽지만은 않은 작은 목표를 잡아서 연습하자. 또 점검표를 만들어 시간대별로 표시를 하든, 하루를 반성하는 일기를 쓰든 스스로 체크하면서 피드백을 설계한다. 여러 가지 아이디어를 자신의 상황에 맞게 피드백 시스템으로 활용해보자.

낙관주의도 학습이 가능하다

이제 긍정심리학으로 유명한 마틴 셀리그만이 이야기한 '학습된 무기력'에 대하여 알아보자. 강아지에게 무기력을 훈련시킨다고 해보자. 강아지를 묶어놓고 다리 밑에 기분 나쁜 전류를 간헐적으로 흘려준다. 강아지는 뭔가 기분 나쁜 상황을 피하려고 여러 가지를 시도해본다. 하지만 강아지는 기분 나쁜 전류를 피할 길이 없다. 결국 강아지는 다리 밑에서 지속되는 바닥 전류를 없애고자 하는 시도 자체를 포기하게 된다. 이후에 묶었던 줄을 풀어주어도 상황은 계속된다. 즉 앞에 놓여진 장애물을 넘어간다면 전기충격을 받지 않을 수 있는 상황이 되어도 시도를 하지 않는다. 어떠한 시도도 상황을 변화시키지 못한다는 무기력이 학습되었기 때문이다.

많은 이들이 무기력을 학습하고 있다. 노력하면 무엇인가를 바꿀 수도 있다는 믿음을 갖지 못하고 수차례 반복된 실패 앞에 고개를 떨구고, 어쩔 수 없이 상황을 받아들인다.

이와 반대되는 개념이 '학습된 낙관주의'이다. 낙관주의. 좋은 일이 일어날 것이라는 희망. 내가 노력하면 현실이 바뀌고, 좋은 결과를 만들 수도 있을 거라는 희망. 많은 심리학 연구에서 낙관주의가 비관주의보다 유용하다고 반복해서 이야기한다. 더 건강하고, 주위 사람과의 관계도 좋고, 공부도 잘하고, 면역력도 좋고, 결국 오래 살기까지 한다고 한다. 긍정적 정서는 도전과 연습의 기회를 더 많이 만들고 끊임없이 도전하는 자세를 갖게 한다.[*] 자기 수

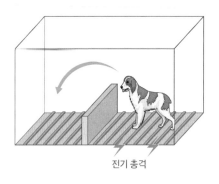

진기 충격

학습된 무기력 상태에 놓인 강아지는 장애물을 넘어가면 전기충격을 받지 않는데도 시도를 하지 않는다.

용과 더불어 자신에 대한 존중감을 이끌기에 더 많은 사회적 지지를 얻게 된다. 역경을 만나도 도전 의식을 발휘하기에 이에 대한 회복력도 높다.

　많은 연구들이 긍정적 정서가 우리의 삶에 유용한 효과가 있다고 말한다. 즉 긍정적 정서는 사고를 유연하게 하고, 집중력 및 기억력을 향상시키고, 창의성 및 문제 해결력을 끌어올린다고 말한다. 이러한 긍정적 정서의 효과를 도파민의 영향으로 설명하는 것에 많은 학자들이 동의하고 있다. 긍정적 정서를 느낄 때 생각이 빠르고, 넓어지고, 풍부해진다. 긍정적 정서를 필요할 때 스스로 불러낼 수 있는 것은 나름의 실력이다. 이러한 감정 조절 능력은 자신이 가진 시냅스를 최대한 사용하도록 유도한다. 골프를 칠 때, 시험을 볼 때, 자신 있고 느긋한 자세를 갖는다면 자신이 가진 최대 실력치를 뽑아낼 확률이 높아진다. 없던 실력이 생기는 것이 아니다. 단지 있던 실력을 최대치로 끌어올리도록 하는 것이다. 골프 샷의 결과가 미세하게 좋아지고, 시험 문제를 풀어나갈 때 더 많은 부분을 놓치지 않게 된다. 낙관주의는 단순히 기분만 좋아지라는 비현실적인 처방이 아니다. 여러 가지 또 다른 현실 속 순기능을 포함하는 것이다. 다행히도 무기력과 마찬가지로 낙관주의는 학습할 수 있다.

낙관주의라고 하면 현실을 모르거나, 부정하는 억지스러운 인상을 주기도 한다. 하지만 진정한 낙관주의는 전략적, 현실적이어야 한다. 내가 할 수 없는 것에 대한 미련을 버리고, 할 수 있는 일에 힘과 노력을 최대한 집중하는 것이다. 따라서 현실은 확장되고, 할 수 없었던 상황은 무엇인가를 시도할 수 있는 상황으로 변할 수도 있게 된다. 생각의 작은 차이가 실제 현실에 작용하는 것이다. 비관주의는 나름의 장점도 있다. 현실을 정확하게 본다는 점이다. 즉, 낙관주의는 '현실을 있는 그대로 보지 못한다'는 유일한 단점을 갖는다. 하지만 이 한 가지 단점을 제외하면 모든 면에서 낙관주의가 실용적이다. 치명적인 부분에 대해서는 미리 현실적으로 검증해보는 유연한, 전략적, 현실적 낙관주의를 실천해보도록 하자. 이러한 낙관주의의 단점을 인식하고 대비할 수 있다면 유일한 단점을 최소화할 수 있다. 긍정적 정서에 대한 연습과 한계를 알아야 하는 이유이다.

긍정심리학자 바버라 프레드릭슨Barbara Fredrickson은 부정적인 경험 1개와 긍정적인 경험 3개가 맞먹는다고 말한다. 즉, 일반적으로 부정적인 경험은 긍정적인 경험보다 훨씬 힘이 세다. 이러한 성향은 생존과 번식에 도움이 되었기에 우리 머릿속에 세팅된 것이다. 문명사회 이전에는 위험을 더 많이 생각하고 대비하는 성향이 생존에 도움을 주었을 것이다. 초원의 초식동물은 주위의 작은 변화에도 민감하게 반응한다. 가까이 풀숲에서 무엇인가 움직였다면 일단 포식자라 생각하고 달아나는 성향이 생존에 더 도움이 되었을 것이다. 이러한 우리의 내적 성향을 이해하는 것은 생각 연습의 출발점이 될 수 있다. 우리의 내적 프로그램이 부정적인 상황에 안테나가 뻗어 있음을 알고, 긍정성에 조금 더 맞추려는 시도가 필요함을 인식해야 한다. 이는 현실을 왜곡하여 기분만 좋아지는 것과는 조금 차이가 있다. 문명사회에서는 생명을 위협하는 실제 위험은 흔하지 않기 때문이다.

행복감을 높이는 세 가지 방법

하버드 대학교에서 행복을 연구하는 탈 벤-샤하르Tal Ben-Shahar 교수는 열여섯 살 때 이스라엘 전국 스쿼시 대회에서 우승을 차지한다. 그는 우승을 간절히 원했던 만큼 우승을 하고 나면 엄청난 행복을 느낄 것이라고 기대한다. 하지만 정확히 4시간 후에 결코 그렇지 않다는 것을 깨닫게 된다. 그는 다시 세계 챔피언을 목표로 삼아 고된 도전의 길을 걸어간다.

돈과 지위가 생기면 행복해질 것이라며 달려가지만 도착해보면 기대했던 행복과 다르다. 또다시 업그레이드된 돈과 지위가 멀리서 손짓한다. 그리스 신화에는 저승의 신에게 형벌을 받은 시시포스 이야기가 나온다. 산을 향해 온 힘으로 바위를 굴리고, 이내 바위 자신의 무게로 다시 굴러내려 오고 다시 시시포스는 산을 향해 바위를 굴린다. 영원할 것만 같은 고역은 계속된다. 바위가 다시 굴러 내려오지 않도록 하는 방법은 무엇인가? 바위 굴리기가 고역이 아닌, 즐거움이 될 수 있는 방법은 없을까?

사람의 행복도는 사람마다 다소 정해져 있다. 체온으로 이야기하면 개인별로 적정 온도가 세팅되어 있다. 이러한 기본 세팅에서 여러 가지 외부적 상황에 따라 오르기도 하고 내리기도 하지만, 시간이 지나면 다시 세팅된 본래의 온도로 돌아가게 된다고 한다. 만약 복권에 당첨되면 약 1~2년은 무엇인가 할 수 없었던 것을 할 수 있다는 기분으로 너무나 기쁘지만, 이러한 시기가 지나면 다시 이전에 설정된 행복 온도를 찾아가게 된다. 입시생은 대학에 붙으면 세상을 다 가지게 된 듯 느끼지만 수개월도 지나지 않아 현실에 적응하고, 들뜬 마음은 다시 세팅된 수준을 따라가게 된다. 다행인 점은 반대의 경우도 가능하다는 것이다. 큰 사고를 당하여서 장애가 생긴 경우에도 수년이 지나면 본래의 행복 세팅으로 돌아오는 경우가 많다. 사랑하는 사람을 떠나보내고 세상이 끝난 듯 힘들어하다가도 시간이 지나면 다시 일상으로 돌아와서 웃을 수 있다.

사람마다 정해져 있다는 행복의 셋 포인트를 올리는 방법을 생각해보자. 사선에 휘둘리는 수면 위 파동이 아닌, 깊고 유유히 흐르는 기본적인 행복의 셋 포인트를 생각해보자. 유전적으로 기본적인 세팅이 50퍼센트 정도는 결정된다고 한다. 하지만 전문가들이 이야기하는 유전적인 부분, 바꿀 수 없는 부분을 놔두고, 우리는 바꿀 수 있는 부분에 집중해보자. 학습된 무기력을 줄이고 낙관주의를 학습해보자. 많은 자기계발서에서 긍정적 자기 확신을 이야기한다. 자기계발서에 이야기하는 조언도 새겨들을 점이 많다. 이와 더불어 여러 가지 검증된 방법으로 연습하면 긍정적 정서가 생길 확률이 조금 더 높아질 것이다. 다음 제시하는 세 가지는 여러 연구를 통해 검증을 통과한 것으로서 적용해서 연습하면 긍정적 셋 포인트를 높이는 데 많은 도움을 받을 것이다.

강점을 발견하고 계발하기

긍정심리학자 마틴 셀리그만은 그의 저서 『긍정 심리학』에서 행복에 이르는 방법으로, 자신의 강점이 무엇인지 깨닫고 그것을 키워나가는 것에 있다고 말한다. 즉 강점 수행을 통해서 진정한 발전이 있고 긍정적인 뇌를 만들어갈 수 있다고 말한다. 그가 이야기한 6가지 대표 덕성은 작게 쪼개져 24가지 세부 항목으로 나뉜다.

1. 지혜와 지식 : 호기심, 학구열, 판단력, 창의성, 사회성 지능, 예견력
2. 용기 : 용감함, 성실, 진실

3. 사랑과 인간애 : 친절, 사랑

4. 정의감 : 공정심, 시민정신, 지도력

5. 절제력 : 자기 통제력, 신중함, 겸손

6. 영성과 초월성 : 감상력, 감사, 희망, 영성, 용서, 명랑함, 열정

마틴 셀리그만은 이를 설문지를 통해 점수화(1~5점)해서 스스로 테스트를 할 수 있도록 하고 점수가 높은 다섯 가지 항목에 집중할 것을 이야기한다.

감사하기

지난 10여 년간의 연구에 따르면 긍정성 훈련에서 가장 최고의 효과를 나타내는 것은 감사하기 훈련이라고 한다. 가장 강력하고 지속적인 효과를 낸다고 알려져 있다. 명상 또는 기분 좋은 일을 생각하는 것보다 감사하는 마음이 몸과 마음을 최상의 상태로 이끈다. 이러한 감사하기 연습은 긴 기간 띄엄띄엄 하는 것보다 집중하여 짧은 기간 집약하는 것이 더 효과적이다.

김주환 연세대학교 교수의 저서『회복탄력성』에서는 가장 효과 있는 감사하기 연습으로 매일 밤 잠자기 전 5가지씩 수첩에 적는 것을 말한다.

위의 몇 가지 연습의 예시는 다시 시냅스의 연결 원리를 떠올리게 한다. 자주 반복적으로 집중하여 연습해야 시냅스의 연결이 이루어진다. 그리고 또 하나 덧붙이고자 하는 것은 감사 연습을 하나

의 암묵적인 훈련으로 생사해야 만나는 것이다. 껏기라질을 하는 것처럼, 골프 스윙하는 것처럼 습관적으로 감사할 일을 찾고, 집중해야 한다. 이 또한 무의식적으로 발현되기 위해서는 역시 의식적으로 반복하는 수밖에 없을 것이다.

운동하기

운동은 치매를 예방하고, 불안증을 감소시키고, 우울증을 치료할 수 있다. 병든 뇌를 치료하는 돈 안 드는 특효약이다. 만병통치약으로 보는 의사도 많다. 뇌를 긍정화시키기 위한 조건으로는 일주일에 3회 이상, 30분 이상, 최대심박수의 60~80퍼센트 정도 세기로 8주 이상 운동하는 것이다. 운동의 가치는 아무리 강조해도 지나치지 않다. 다시 한번 강조한다. 운동은 학습 능력, 집중력, 사고 능력, 기억력, 계획력, 문제 해결 능력, 스트레스 해소, 동기부여, 대인관계 향상, 동기부여 등 머리 건강에 특효다. 심장을 포함한 몸 모든 곳에 특효다. 진정 만병통치약이다.

기억 속 구조도 바꿀 수 있다

NLP라는 생각 기법을 우리말로 풀어보자면 '신경 언어 프로그램'이다. 최면기법을 약간 가미하여 의식적인 생각뿐만 아니라 무의식적인 부분도 영향을 줄 수 있다고 한다. 물론 NLP 이외에도 마음을 다스리는 많은 기법들이 있다. 명상 또는 여러 가지 심리학적인 치료기법은 결국 뇌신경의 시냅스를 미세하게 변화시키는 작업이다. 모두 나름의 방법으로 시냅스를 재배열하는 것이다.

정신분석은 소파에 편하게 누워서 정신과 의사와 상담을 하는 것이다. 자유연상으로 무엇이든 생각나는 것들을 억제하지 않고 이야기한다. 정신과 의사는 연상 흐름을 들으면서 무의식적 연결을 추적한다. 의식적인 말을 들으면서 의뢰인의 무의식적인 영역을 간접적으로 확인한다. 무의식적인 부분을 의식화해야 고치고, 다시 이을 수 있다. 의식된 영역은 다시 고쳐 쓸 수 있기 때문이다. 정신분석은 무의식적인 뇌 영역 중에 고장 난 부분을 끊어주고, 필요한 부분을 이어주는 뇌 미세 영역 수술인 것이다. 정신과 의사이며 정신분석가인 노먼 도이지Norman Doidge의 저서 『기적을 부르는 뇌』에서 저자는 정신분석을 다음과 같이 정의한다.

정신분석은 환자가 자신의 무의식적 절차기억과 행동을 말로 옮겨서 더 잘 이해할 수 있도록 도와준다. 그 과정에서 환자는 이 절차기억을 가소적으로 다시 적어서 의식적인 외현기억으로 전환시키므로, 특히 무의식적인 트라우마의 기억인 경우 그는 더 이상 그 기억을 '재생'하거나 '재연'할 필요가 없어진다.

—노먼 도이지, 『기적을 부르는 뇌』, 지호, 2008, p.296 중에서

몇 가지 NLP적인 기법과 함께 시냅스의 연결을 함께 생각해보

자. 연습론의 시냅스 관점으로 간단히 맛을 보자.

경험 기억은 일정한 구조를 갖는다

우리는 어떤 기억을 떠올릴 때 머릿속에서 다시 한번 같은 경험을 하게 된다. 기억 속에서 다시 경험하면서 자극을 한 번 더 하게 된다. 자극 한 번 한 번이 모여서 결국 견고한 장기기억을 만들게 된다. 이때 기억을 떠올리면서 내적으로 다시 한번 경험한다. 시각적으로 보고, 청각적으로 듣고, 촉각적으로 다시 느끼게 된다. 기억 속 경험은 일정한 구조로 되어 있는 것이다.

내 지인 중 한 명은 원래 음악을 좋아했는데 심적 트라우마로 음악을 싫어하게 되었다고 한다. 그는 어릴 적에 학교에서 음악 시험을 본 적이 있었는데, 당시 음악 선생님이 친구의 피아노 치는 소리를 듣고는 "그만" 하고 크게 소리치면서 혼을 냈다고 한다. 친구는 그 기억을 떠올릴 때마다 귀가에 "그만"이라는 소리와 선생님의 무서운 눈매가 생각났다. 이러한 경험은 우리들이 흔하게 경험하는 내용이기도 하다. 경험을 떠올릴 때 전체적으로 순서대로 기억나는 것이 아니다. 당시의 강렬했던 특정한 소리, 또는 감정, 표정 등을 더 또렷하게 기억한다.

당시 아이의 머릿속 경험을 다시 살펴보자. 기억을 떠올릴 때마다 선생님의 고함소리를 청각적으로 다시 경험할 수 있다. 또는 선생님의 화난 눈빛을 다시 경험할 수 있다. 내적 경험은 여러 가지 모습의 조합으로 다시 이루어진다. 만약 반복해서 머릿속에서 화난 얼굴의 표정과 눈빛이 떠오른다면 그 눈빛과 감정 영역이 서로 연결된 것이다. 만약 소리치는 소리가 내적 어딘가에서 들려온다면 그 소리가 뇌 속의 감정 영역과 연결된 것이다. 이러한 경험을 머릿속에서 여러 차례 경험하게 되면 반복되면서 더 강하게 연결된다.

기억에 포함된 감정의 힘을 빼는 방법

기억에서 감정의 힘을 빼는 방법은 무엇일까? 이러한 경험에서 무서운 감정을 제거하여 중립적인 기억으로 다시 재조합하는 방법을 살펴보자. 바로 머릿속에서 경험을 새롭게 바꾸는 것이다. 머릿속에서 경험을 새롭게 하도록 특정 부분을 재편집하는 것이다. 만약 눈빛이 문제였다면 눈빛을 바꾼다. 화가 나서 무서움을 주는 눈빛이었다고 한다면 화난 눈빛을 머릿속에서 바꾼다. 개그맨의 눈으로 바꾸거나, 생각만 해도 웃기거나 심각하지 않은 모양으로 바꾸어서 다시 내적 경험을 돌려본다. 만약 큰소리가 자꾸 들린다면 들리는 소리의 톤을 바꾼다던지, 소리의 볼륨을 줄인다든지, 재미있는 소리로 바꾸어서 내적으로 재경험한다. 이때 새롭게 세팅한 경험을 자주 반복하여서 감정의 변화를 느껴보도록 한다.

연습이 제대로 되고 있는지를 알 수 있는 피드백은 기억을 떠올렸을 때 감정적으로 나쁜 느낌이 들지 않는 것으로 한다. 연습이 잘 되었다면 기억을 떠올릴 때 감정이 덜 동요되어야 한다. 단기기억이 형성된 것이다. 만약 기억 속에 감정의 동요가 느껴진다면 수

차례 다시 반복하여 나쁜 감정의 찌꺼기를 씻어내야 한다. 그리고 수차례 반복 재생하여 장기기억으로 새롭게 만든다. 마음속 공포 영화를 코미디 영화처럼 무섭지 않고 자극적이지 않도록 영화적 편집기법으로 재상영한다.

EBS 프로그램 중에 〈명의〉라는 방송이 있다. 여러 병을 치료하는 과정을 설명하면서 수술 장면을 가감 없이 보여주어야 하는 경우가 있다. 이 방송에서는 혐오감을 없애기 위해서 붉은 피의 색을 지우고 화면을 흑백으로 부분 처리한다. 머릿속에서는 수술 장면이라고 알고는 있지만 자극적이지 않은 장면이 된다. 간혹 무서운 영화가 너무 무서울 때는 간단한 상상을 하면 좀 덜해진다. 무서운 분장을 하는 모습을 상상한다거나 영화를 촬영하는 모습 자체를 상상하면 무서운 장면은 조금 덜 무서워진다.

다음의 도표에 나온 것은 흔하게 우리가 머릿속에서 경험을 재상영할 때의 모습이다. 일종의 영화적 편집기법처럼 생각할 수 있다. 이중에서 연합과 분리를 잠시 살펴보자. 연합은 1인칭 시점으로 보는 것이고, 분리는 3인칭 시점으로 보아서 멀리 바라보는 것이다. 기쁨을 느끼는 장면이라면 1인칭적(주관적)으로 가깝게 영상을 바라본다. 만약 경험에서 감정을 떨어뜨리려면 3인칭적으로 보면서 조금 더 멀리 본다. 만약 감정이 남아 있다면 더 멀리 본다. 저 멀리 아파트 높이, 대기권 높이, 지구 대기권 밖에서 보는 느낌으로 경험을 바라본다. 머릿속 아픈 경험은 죽을 듯한 느낌에서 중화되어 견딜 만한 형태가 된다. 보통의 경우 아무리 힘든 경험이라

시각적 하위 양식	청각적 하위 양식	신체감각적 하위 양식
연합(자신의 눈으로 본다)/분리(타인의 눈으로 자아를 본다) 컬러/흑백 테두리가 있다/없다 2차원/3차원 위치(왼쪽/오른쪽/위/아래) 떨어진 거리감 밝기 대조 선명도(명료/흐릿함) 움직임(동영상/사진) 저속/고속 단일 이미지/다중 이미지 크기	스테레오/모노 말/소리 볼륨(작다/크다) 음질(부드럽다/거칠다) 음색 소리의 위치 소리와 떨어진 거리 지속시간 연속/불연속 속도(저속/고속) 명확성	위치 강도 압력(무겁다/가볍다) 거칠다/부드럽다 무게 온도 지속시간 모양

NLP에서 바라본 경험의 구조. 머릿속에서 기억을 떠올릴 때 시각·청각·신체감각 등으로 나누어 기억의 세부 사항을 관찰할 수 있다.

고 하더라도 일정한 시간이 지나면, 서서히 감정적으로 안정된 시기가 온다. 아마도 기억을 바라보는 관점이 멀게 느껴지면서 덜 힘들어지는 것은 아닌가 하고 생각해본다. 위의 도표에 나오는 다양한 편집기법으로 머릿속 경험에 힘을 실어주기도 하고 힘을 뺄 수도 있다.

공포기억을 지우는 연습

공포 반응은 신체의 가장 위협적인 반응이므로 생존을 위하여 격렬하게 반응한다.[*] 우리 머릿속에 공포기억을 떠올린다고 하자. 이때는 본래 있었던 기억을 떠올리는 것이다. 즉 기억의 시냅스를 한

번 자극하는 것이다. 만약 여러 번 생각을 하면 이 기억은 더 단단해질 수 있다. 이를 약간 다르게 이용할 수도 있다.

아까 이야기한 아이의 기억에서처럼 공포기억을 나누어서 분해한다. 특정 기억 중에서 공포 반응을 일으키는 기억 부분을 바꾸어서 공포 반응을 중화한다. 그리고 좋은 기억을 가진 마음속 소재와 여러 번 함께 자극하여 단기기억을 만든다. 그리고 여러 번 주기적으로 반복하여 공포기억을 공포스럽지 않은, 좋은 기억으로 바꾸도록 한다. 공포증이라는 것은 결국 자신의 머릿속 뇌세포 연결이므로 이러한 기법이 유용할 수 있다.

내용을 자세히 살펴보자. 지우고 싶은 기억이 있다고 해보자. 특정 기억을 하면 편도체가 자극되는 감정적 기억을 중화시켜보자.

선생님께 혼나는 기억을 지우고 싶다고 해보자. 기억을 재생시켜보자. 선생님의 큰 목소리가 감정을 자극하는가? 아니면 선생님의 무서운 눈빛이 감정을 자극하는가? 머릿속에서 가장 감정을 자극하는 특정 이미지나 소리, 신체 감각을 알아내라. 그러고는 기억을 다시 재생한다. 감정을 자극했던 특정 감각의 이미지를 재미있게 바꾸어라. 감정을 자극하지 않는 모습으로 바꾼다. 무서운 감정이 느껴지지 않도록 머릿속에서 편집하고 조작해보는 것이다. 마치 코미디 영화 감독이라도 된 듯 재미나게 편집한다. 신나는 음악을 기억에 삽입해도 좋다. 그리고 기억을 다시 떠올려보아라. 어떤가? 기억이 감정을 자극하는가? 그렇다면 다시 반복해서 경험의 구조를 바꾸도록 해본다. 만약 성공했다면 여러 차례 반복하여서 장기적으로 연결한다. 머릿속 감정적 기억을 바꿀 수 있도록 연습하자.

기분 좋은 회로를 연습하고 자극할수록 회로가 강화된다. 좋은 생각의 흐름이 자동화되도록 회로를 반복하고 또 반복하자.

 도전의 자세는 습관이 되고, 그 자체로 하나의 실력이 된다. 결과를 보지 않고, 때론 과감하게 실패하는 자세는 그 자체로 하나의 실력이다. 도전하고 어려움 속에서 배우고 결국 넘어서는 찌릿찌릿한 느낌을 쌓아갈 때 도전은 실력이 된다. 아직 이러한 '도전'의 실력이 없다면 성공 체험을 스스로 세팅해야 한다. 찌릿한 느낌을 반복해서 체험하도록 스스로 세팅해야 한다. 반복해서 찌릿한 느낌과 '도전'을 강하게 이어야 한다. 착한 도전으로 스스로를 응원해야 한다.

 나는 착한 도전을 성장이라 부르고 싶다. 성공, 그리고 성장. 한 글자 차이지만 둘 사이에 미묘한 어감의 차이가 있다. 성공은 실패의 반대말이다. 이와 달리 성장은 개인적이고 주관적이다. 실패 속에서도 성장할 수 있다. 성장은 결과가 아닌 과정에의 집중이기 때문이다. 우리는 성장을 향해야 한다. 단순한 성공을 넘어선 참된 성장을 향해야 한다. 경쟁과 줄 세우기 속에서도 개인이 소모되지 않고 전체가 승리할 수 있는 방법은 성장이다. 행복감은 물질이 많은 상태라기보다는 많아지는 느낌이다. 목표를 이룬 상태가 아닌 목표를 향하는 순간이다. 실패 속에서도 목표를 향했다면 그 순간은 어쩌면 승리이고 성공이다. 과정에서 성장했다면 승리이고 성공이다. 한 뼘을 목표로 매일 성장하자. 한 뼘을 목표로 거북이걸음, 소걸음을 걷자. 어제보다 조금 나아졌다는 느낌은 행복감으로 이어진다. 꾸준함과 방향성을 더 소중히 하자. 옳은 곳을 향하여 작은 걸음을 걷자.

우리는 다양하게 성장할 수 있다. 인간관계가 어렵고 꼬인다면 이를 열심히 연구한 사람의 이야기에 귀를 기울여야 한다. 조직을 이끌어야 하는 사람이라면 조직을 이끌기 위해 수련해야 한다. 아이의 마음을 잘 헤아리지 못하겠다면 훌륭한 부모되기 연습을 해야 한다. 먼저 고민한 사람의 지혜를 듣고, 적용하고, 피드백하고 연습해야 한다. 공통점을 모으고 스스로에게 적용하고 피드백해봐야 한다. 나에게 필요한, 누구도 대체할 수 없는, 내가 가장 중요하게 생각하는 영역을 잘하기 위해서는 연습이 필요하다. 나에게 필요한 그 무엇은 무엇인가? 나에게 필요한 나만의 연습은 무엇인가? 몸을 던질 수 있는 그 무엇은 무엇인가? 몸을 던져야만 하는 그 무엇은 무엇인가? 몸을 던지고픈 그 무엇은 무엇인가? 찾아야 한다. 무엇일지 모른다. 계속해서 찾고 적용하며, 자신만의 연습은 계속되어야 한다.

미국 스탠퍼드 대학교에서의 스티브 잡스의 연설이 떠오른다.

인생의 '점'은 이어진다.

지금의 한 '점'이 앞으로 어떻게 이어질지 모르지만 어느 날 보면 교묘하게 지금의 '점'들은 이어지게 마련이란다. 내 속의 아픈 '점'이든, 나만의 자랑스러운 '점'이든 결국 이어지게 마련이란다. 나는 이를 시냅스가 이어지는 것으로 다시 생각해본다. 과거에 열심히 이어졌던 기억들은 다시 새로운 기억을 위해 되새김질된다.

외국의 한 게임 전문가는 이전에 리니지라는 국내 게임을 수년간 정신없이 하면서 게임의 위력을 실감했다고 한다. 일종의 게임 폐인이었던 것이다. 하지만 이 또한 그의 특이하면서 다른 이들이 범접할 수 없는 경험치로 독특하게 이어진다. 그는 게임의 순기능을 뽑아낸 게임을 기획하고자 노력하고 있다고 한다. 아프고, 창피하고, 차마 인정하기 어려운 '점'들도 내 속으로 감싸서 인정할 때 새로움으로 다시 이어질 수 있다.

우리 안의 경험은 모두 옳다. 모두 우리의 머릿속에 이어진 소중한 '점'들이다. 이를 인정하고 품어서 결국 넘어설 때 자신만의 독특함은 이루어진다. 내가 읽었던 한 줄 문장은 나의 어릴 적 경험과 여러 가지 지식으로 함께 엮인다. 독특한 또 다른 한 줄 문장이 나온다. 시냅스는 서로 엮이고 다양하게 부딪히고 깎이어 새롭게 다시 이어진다. 그렇다. 우리는 고유한 경험치를 갖는다. 각자의 모든 경험치는 독특하고 소중하다.

인생을 펼쳐놓고 큰 조감을 해보자. 나에게 지금은 어떤 의미가 있는가? 지금의 나에게 필요한 '점'은 무엇인가? 지난 과거로부터 추출한 나의 특별한 '점'은 또 무엇인가? 나만의 방향을 잡고 작은 발걸음을 디뎌보자. 그리고 믿어보자. 탄탄히 걷는 지금이 언제고 새로운 '점'으로 이어질 것이라고 믿어보자. 어제보다 조금은 더 나은 모습으로 자랄 수 있음도 믿어보자. 한 뼘씩 자랄 수 있음도 믿어보자.

1부 한 번에 하나씩, 뇌신경을 연결하라

29쪽 "세포 수준의 단기기억" 단기기억과 장기기억을 이해하는 것은 이 책을 이해하는 데 매우 중요하다. 분자생물학적인 수준으로 이해한다면 더 많은 도움이 될 듯하다.

에릭 캔들은 바다달팽이의 신경을 이용하여 인간 뇌세포의 분자생물학적인 연결 원리를 밝혔다. 그가 연구에 이용한 신경학적 원리를 잠시 살펴보자.

바다달팽이의 신경연결 중에 수관 아가미 반사라는 것이 있다. 수관이 건드려지면 주위에 있는 아가미가 수축하는 반응을 말한다. 이에 반사라는 말을 붙였는데 이유는 세포끼리 바로 연결되어 생각을 거치지 않기 때문이다. '수관을 건드렸으니까 아가미를 움직여야지'라고 생각해서 반응을 일으키는 것이 아니다. 사람으로 이야기하면 동공 반사 또는 무릎 반사와 비슷하다. 동공에 불빛을 비추면 동공이 수축한다. 무릎을 고무망치로 치면 다리가 위로 올라간다. 입력이 되면 생각을 거치지 않고 출력이 되는 것을 말한다.

그런데 이러한 수관 아가미 반사도 일종의 학습을 시킬 수 있다고 한다. 예를 들면 꼬리를 세게 자극하면 이러한 수관 아가미 반사의 반응이 커진다고 한다. 이때의 아가미 반응은 더 세고, 더 오래 나타난다. 바로 민감화 반응이다. 사람으로 예를 들면 누군가에게 세게 맞았다면 비슷한 자극에도 깜짝 놀랄 수 있다. 속담 "자라 보고 놀란 가슴, 솥뚜껑 보고 놀란다"라는 말과도 통한다.

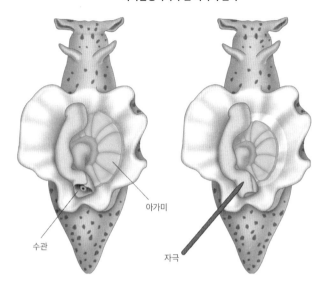

바다달팽이의 수관 아가미 반사

아가미

수관

자극

바다달팽이의 수관 아가미 반사는 수관을 건드렸을 때 아가미가 수축하는 반응을 일컫는다.
꼬리를 세게 자극하면 수관 아가미 반사의 반응이 커진다.

꼬리 자극을 함께 주면 수관에서 아가미로 가는 신경을 자극하게 된다. 이때 꼬리
로부터 연결된 중간 신경세포가 관여한다. 중간 신경세포는 세로토닌이라는 물질을
분비하여 감각신경의 시냅스에 자극을 준다. 이어서 자극받은 시냅스 전 세포 말단
에서는 환상 AMP라는 물질의 생산이 증가한다. 증가한 환상 AMP는 단백질 키나아
제 A라는 물질을 통하여 신경전달물질인 글루타메이트의 방출의 정도를 증가시킨
다. 환상 AMP의 농도는 몇 분 동안 증가하다가 다시 본래 농도로 돌아간다. 이러한
신경세포 내의 증가한 물질 농도가 바로 세포 수준의 단기기억이 된다.

자극을 한 번 주면 세포 내의 물질(환상 AMP) 변화로 수분 동안은 신경세포에서
신경전달물질이 증가한다. 즉 수분 동안은 세포끼리의 연결이 강화된다. 서투른 땜
장이(진화의 방법)는 바다달팽이의 세포 속 기억을 아주 조금만 변화시키고서 그것
을 그대로 인간에게 가져왔다.

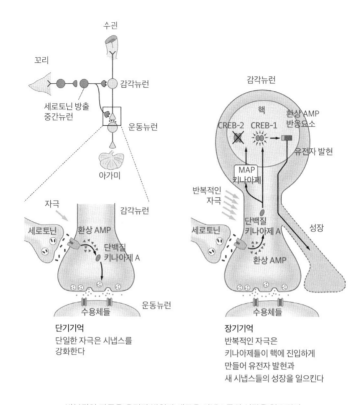

세로토닌 방출 중간뉴런

수관

꼬리

감각뉴런

운동뉴런

아가미

감각뉴런

핵

CREB-2 CREB-1

환상 AMP 반응요소

유전자 발현

MAP 키나아제

반복적인 자극

단백질 키나아제 A

성장

세로토닌

환상 AMP

자극

감각뉴런

세로토닌 환상 AMP

단백질 키나아제 A

수용체들 운동뉴런

단기기억
단일한 자극은 시냅스를
강화한다

세로토닌

환상 AMP

수용체들

장기기억
반복적인 자극은
키나아제들이 핵에 진입하게
만들어 유전자 발현과
새 시냅스들의 성장을 일으킨다

반복적인 자극은 유전자 발현과 새로운 시냅스들의 성장을 일으킨다.

우리가 전화번호를 처음 듣고 외운다면 수분 동안은 외울 수 있다. 하지만 다시 머릿속 연습을 하지 않는다면 금방 잊는다. 머릿속 전화번호에 관여하는 세포 연결 고리에 있는 환상 AMP가 수분간 증가했다가 다시 감소하는 것이다. 머릿속에 들어오는 수많은 자극은 수분간 머릿속 자극을 한 번 남기고 사라지게 된다.

29쪽 "해부학적·물질적인 변화가 일어난다" 세로토닌이 짧게 한 번 자극되면 글루타메이트 방출이 촉진되어 감각뉴런과 운동뉴런 사이에 시냅스 연결이 수분간 강화된다. 이때는 환상 AMP의 농도가 잠시 동안 증가되는 기능적 강화이다. 만약 세로토닌이 석냥한 간석으로 나싯 빈 시쿠퇴면(꼬리 직 ᄋ빈) 시냅스기 세롭게 발싱한다. 이때는 새로운 단백질의 합성을 필요로 하는 세포의 해부학적 변화를 일으키게 된다. 과정을 자세히 살펴보자.

세로토닌이 수차례 자극되면 세포 내 환상 AMP가 증가하고 단백질 키나아제 A와 MAP 키나아제가 세포의 핵 속으로 들어간다. 핵 속에서 CREB-1이라는 물질을 활성화시키고, 이어서 CREB-1은 유전자(DNA 중 단백질을 발현시키는 한 단위)를 발현해서 세포막을 생성시키는 단백질을 만들고, 결국 시냅스가 성장하게 된다.

일정한 간격을 두고 반복적으로 자극하면, 특정 물질의 세포 내 농도가 올라가고, 결국 세포의 핵 속으로 들어가서 DNA를 자극한다. DNA는 특정 단백질을 만들어서 시냅스의 성장을 이룬다. 나무가 가지를 뻗듯, 시냅스가 곁가지를 뻗게 된다.

33쪽 "습관화, 민감화, 고전적 조건화 등이 있다." 습관화란 다양한 자극이 있는 상황에서도 필요한 것에 집중할 수 있도록 한다. 즉, 집중할 필요가 없는 자극의 세기를 약화시킨다. 예를 들면 집에서 가만히 소리를 들어보자. 처음에는 시계초침 소리가 들린다. 하지만 규칙적으로 지속되면 이를 무시할 수 있게 된다. 시냅스에서는 글루타메이트라는 신경전달물질을 분비하여 자극을 전달한다. 만약 보통 때의 자극에서보다 위협적이지 않거나 집중할 필요가 없는 자극에는 신경전달물질이 줄게 된다. 신경전달물질이 줄어드는 현상은 10~15분가량 일어나고, 이후에는 다시 최초 세기의 반응을 회복하게 된다. 하지만 주기적·반복적으로 습관화 자극이 주어지면 장기적인 신경세포 수준의 해부학적 변화가 일어난다. 시냅스의 개수가 줄어들게 된다. 습관화도 단기기억과 장기기억이 있는 것이다.

시냅스의 연결 방법으로는 습관화, 민감화, 고전적 조건화 등이 있다.

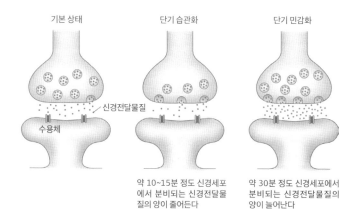

기본 상태	단기 습관화	단기 민감화

신경전달물질

수용체

약 10~15분 정도 신경세포에서 분비되는 신경전달물질의 양이 줄어든다

약 30분 정도 신경세포에서 분비되는 신경전달물질의 양이 늘어난다

단기 습관화가 이루어지면 신경전달물질의 양이 줄어들고, 단기 민감화가 이루어지면 신경전달물질의 양이 늘어난다.

민감화는 반대 작용을 한다. 처음 말한 단기기억과 장기기억에 대한 설명이 바로 이에 대한 설명이었다. 자극에 집중하게 하고, 두려움을 가르친다. 불쾌하거나 해로운 자극을 받고 난 후에는 이어서 오는 자극에 민감하게 반응하게 된다. 신경세포는 시냅스에서 글루타메이트를 보통 때보다 많이 분비하게 된다. 같은 자극에 대해 더 큰 반응을 일으키게 되는 것이다. 이러한 민감화된 반응은 최장 30분 정도까지 지속된다. 이후에는 다시 본래의 최초 반응 수준으로 돌아간다. 하지만 주기적, 반복적으로 민감화 자극을 주었을 때 세포 수준의 장기적 변화가 일어난다. 즉 세포의 시냅스 수가 해부학적으로 증가하여 같은 자극에 대하여 더 민감하게 반응하게 된다.

고전적 조건화는 불쾌한 자극(선천적, 고전적 자극)과 중립적 자극(무해한 자극)이 함께 자극되었을 때 결국 무해한 자극에 대하여 혐오 반응이 일어나는 현상을 말한다. 예를 들면 동물에게 종소리(중립적, 무해한 자극) 등을 들려주고 이어서 발에 불쾌한 전기자극(선천적, 고전적 자극)을 반복해서 주면, 종소리에 대한 공포 반응이 발생하게 된다. 이러한 두 자극을 함께 주기적으로 반복하면 장기적인 세포 수준의 해부학적 변화가 일어나게 된다.

세포 수준의 세 가지 시냅스 반응의 변화는 수십 분 정도 유지된다. 이는 세포 수준에서 생화학적 변화가 수십 분 뉴시뇌기 때문일 것이다. 이시넌 니시 푸기퍼 반복적으로 자극하였을 때 장기적인 시냅스 수의 변화가 발생하게 된다. 즉 자극을 반복적으로, 주기적으로 주었을 때 더 강하게 넌설뇌고, 신호가 깨끗하고 명획히게 된다. 물론 시냅스의 수가 많아진다고 해도 오랫동안 쓰지 않는 시냅스는 다시 사라지게 된다.

크레이그 H. 베일리Craig H. Bailey와 메리 첸Mary Chen이 시행한 연구에서는 감각뉴런 하나가 대략 1300개의 시냅스 전 말단을 가지고 약 25개 정도의 다른 신경세포와 집촉한다는 것을 알아냈다. 1300개 중에서 40퍼센트 정도만이 활성화된 시냅스 역할을 하고 있으며, 다른 시냅스 말단들은 비활성 상태이다. 장기 민감화에서는 시냅스 말단의 개수가 약 2배(2700개)로 증가하고, 활성화된 시냅스의 비율 또한 약 60퍼센트 정도로 향상된다고 한다. 하지만 시간이 지나면서 강화된 반응이 본래 수준으로 돌아오게 되면 시냅스 전 말단 개수가 1500개 정도로 원래(1300개)보다는 약간 많은 상태가 되게 된다. 아마도 이것이 처음 배울 때보다는 두 번째로 다시 배울 때 조금은 쉽게 배울 수 있는 이유일 것이다. 또한 장기 습관화 경우에는 시냅스 전 말단 개수가 850개, 활성화된 비율도 약 100개 정도로 감소한다. 자주 많이 사용하면 연결되고 사용하지 않으면 약화된다.

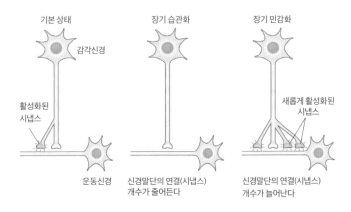

장기 습관화가 이루어지면 시냅스 수가 줄어들고, 장기 민감화가 이루어지면 시냅스 수가 늘어난다.

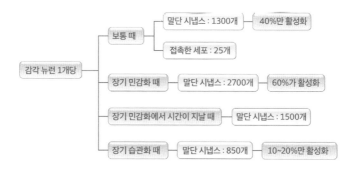

말단 시냅스 : 1300개 ── 40%만 활성화

접촉한 세포 : 25개

보통 때

감각 뉴런 1개당

장기 민감화 때 ── 말단 시냅스 : 2700개 ── 60%가 활성화

장기 민감화에서 시간이 지날 때 ── 말단 시냅스 : 1500개

장기 습관화 때 ── 말단 시냅스 : 850개 ── 10~20%만 활성화

장기 민감화가 이뤄지면, 시냅스 전 말단의 개수가 늘어난다.

37쪽 "연습은 꾸준히, 여러 날에 걸쳐서, 자주자주 해야 한다." 연습은 여러 번 자주 여러 날에 걸쳐서 자극해야 효과적이다. 수관 아가미 반사를 기억하는가? 바다달팽이의 수관을 건드리면 아가미가 생각을 거치지 않고 수축하게 된다. 생각을 거치지 않는 반사 작용이지만 이를 학습시킬 수 있다고 했다. 학습되면 더 세고, 더 오래 아가미가 수축하게 된다.

다음의 그래프는 여러 가지 방법으로 수관 아가미 반사를 학습시킨 것이다. 그래프를 바탕으로 인간의 머릿속 신경연결을 위한 효율적 연습 주기를 생각해보자. 방법은 아래 다섯 가지로 나뉜다.

1. 4일간 하루 4번에 걸쳐서(0.5시간마다) 자극을 준 경우
2. 하루 동안에만 4번 자극을 준 경우
3. 4번 자극을 한 번에 준 경우
4. 1번의 자극만을 준 경우
5. 자극을 주지 않은 경우

가로축은 학습을 끝내고 나서 1일, 4일, 7일이 지나는 시간 경과를 나타내고, 세로축은 수관 아가미 반사 시간, 즉 반응의 정도를 나타낸다.

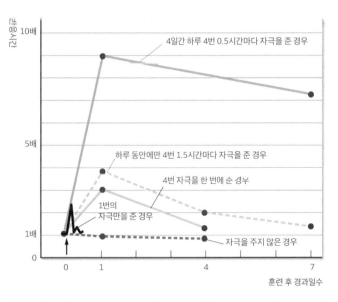

수관 아가미 반사의 훈련 후 반응. 4일간 하루 4번 1.5시간마다 자극을 준 경우 가장 효과적이었다.

위 다섯 가지 방법 중에서 가장 효과적인 것은 무엇인가? 답은 4일에 걸쳐서 하루 4번의 자극을 꾸준히 주었을 경우이다. 이때 수관 아가미 반사의 민감도가 월등히 높고, 또한 오래간다. 위의 결과를 미루어보면, 인간의 효율적인 연습 방법을 생각할 수 있다. 위의 결과는 우리 인간의 뇌세포 속 민감화와 같은 양상을 보이기 때문이다. 즉 사람 머릿속에서도 가장 효과적인 연습 방법은 하루 4번씩, 4일에 걸쳐서 연습하는 것이며, 이 방법의 효과가 제일 크고, 오래간다.

4일 동안 하루 4번 연습했을 때의 민감화 반응이 다른 자극에 비하여 오래가는 이유는 무엇일까? 세포의 시냅스 연결이 장기적으로 변화했기 때문이다. 여러 번 자극되면 세포 속에 단백질 키나아제 A의 농도가 올라가고 확산되어 핵 속으로 들어가서 DNA를 자극한다. 결국 유전자가 켜지고 세포의 시냅스를 생성시키는 단백질이 생성된다. 즉, 세포의 장기기억이 형성되어 이러한 연습의 효율성이 올라가는 것이다. 하지만 한 번만 연습을 했다거나, 하루만 연습을 했을 경우는 시냅스의 장기적 연결을 이루기가 쉽지 않다. 또 장기적 시냅스가 연결되었다고 하더라도 오랫동안 사용하지 않으면 생성되었던 시냅스는 다시 사라지게 된다. 반대로 만들어놓은 시냅스를 유지하기 위해서는 가끔씩 반복하여 자극을 주면 된다. 처음 시냅스를 생성해야 할 때만큼 어렵지는 않게 시냅스 연결 상태를 유지할 수 있다. 즉 처음에 장기기억을 만들 때는 자주 반복적으로 자극을 주어야 하지만 일단 시냅스가 연결되고 나서는 간헐적인 자극만을 주어도 연결은 유지된다. 영어 단어를 외울 때 처음에는 짧은 간격으로 여러 번 외워야 하지만, 머릿속에 외워지고 나서는 간헐적으로만 확인해주기만 해도 장기기억으로 유지된다.

대학입시 때 공부했던 내용은 지금 거의 생각이 나지 않는다. 의과대학 시험 때 보았던 과목도 가물가물한 것이 많다. 전문의 시험 내용도 지금은 몇 차례 다시 찾아보고 진료를 통해 기억을 되새겼던 것만 남아 있다. 이유는 이에 관련한 자극을 받지 못했기 때문이다. 꾸준히 복습을 해야 장기기억이 유지되는 것이다.

39쪽 "심리학적 연구" 에빙하우스의 망각곡선을 들어본 적이 있는가? 헤르만 에빙하우스Hermann Ebbinghaus라는 심리학자는 본인을 대상으로 지루하고도 고된 실험에 들어간다. 파리의 전경이 보이는 다락방을 하나 잡고, 무의미한 알파벳 자음 3개(RWF, GTH, WPN)를 무작위로 외우기 시작한다. 그러고는 자신의 망각의 속도를 그래프로 그려낸다. 그 결과가 바로 유명한 에빙하우스의 망각곡선과 학습곡선이다.

다음의 그래프는 처음 외우고 나서 얼마나 자주 다시 외워야 하는지에 대한 곡선이다. 처음 외우고 나서는 급격하게 망각한다. 이때가 세포 수준으로 보았을 때 단기기억일 것이다. 이때 다시 외우는 자극을 주어야 한다. 그래서 세포 내에 단백질 키나아제 A의 농도를 높여야 한다. 단백질 키나아제 A의 농도가 더 높아져서 세포핵까지 확산되도록 수십 분의 간격을 두고 여러 번 반복해야 하는 것이다. 단기기억이 장기기억이 되면 세포 수준의 해부학이 바뀐다. 이 이후에는 간헐적으로 자극을 주더라도 세포끼리의 연결, 즉 시냅스가 유지된다. 이때부터 진정한 나의 지식, 재능이 된 것이다.

두 번째 학습 그래프는 많은 학습이론에서 이야기하는 그래프다. 특히 공부할 때, 더 특이하게는 단어를 외울 때 얼마나 자주 연습을 해야 하는지를 말해주는 그래프

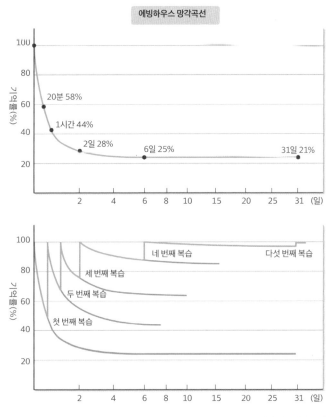

에빙하우스 망각곡선

처음 외우고 나서는 급격하게 망각하며, 자주 반복적으로 외워야 학습 효과가 나타난다는 것을 말해준다.

로 많이 인용되고 있다. 의식적으로 기억하려 할 때 두 번째 그래프 곡선을 알고 있는 것이 도움이 될 것이다.

하지만 기억을 세포 수준의 연결로 이해하면 의식적 기억과 무의식적 기억은 서로 비슷하다는 것을 알게 된다. 두 기억은 관여하는 부분과 저장하는 부위가 서로 다르다. 의식적 기억은 해마에서, 무의식적 기억은 소뇌, 선조체 등에서 관여한다. 하지만 의식적 기억과 무의식적 기억 모두에서 위의 그래프들이 도움이 될 수 있다. 세포 수준의 시냅스는 같은 원리로 연결되기 때문이다. 이 또한 원리를 알면 적용의 범위가 넓어지는 예이다.

파리, 쥐, 달팽이, 뱀, 강아지 등 지구 위에 존재하는 모든 동물에게서 기억은 같은 원리로 연결되고, 확장된다. 함께 자극되면 연결된다. 단백질 키나아제 A가 세포 내에 확산되어 세포 내 핵에서 CREB 단백질이 활성화될 때이다. 즉, 무의식적 기억과 의식적 기억의 연결을 위해서는 처음에 배울 때는 자주 반복해주어야 장기기억을 만들 수 있다. 또 효율적인 연습은 한 번에 많이 연습하고 끝내는 것이 아니라, 자주자주 여러 번에 걸쳐서 연습하는 것이 중요하다. 세포 한 개의 수준으로 보면 약 15분에서 20분 정도마다 자극을 주면 가장 효과적일 것으로 보인다.

2부 뇌를 변화시키는 연습법

66쪽 "마음속 연습" 『기적을 부르는 뇌』라는 책에 나온 피아노 연습 실험을 소개해보겠다. 하버드 대학교의 부속병원 센터장인 알바로 파스쿠알-레오네[Alvaro Pascual-Leone]는 피아노를 이용하여 상상 연습의 효과를 증명한다. 그는 피아노를 배운 적이 없는 사람들을 두 그룹으로, 즉 피아노를 치면서 연습하는 그룹(하루 2시간씩 5일 동안 실제 연주)과 마음속 상상으로만 연습하는 그룹(하루 2시간씩 5일 동안 연주되는 멜로디를 들으면서 상상 연습)으로 나누었다. 그리고 컴퓨터를 이용해서 연주의 정확도를 측정하고, 이들의 뇌지도를 그렸다. 상상 연주의 정확도는 실제 연주에서 약 3일째에 나타났던 정확도와 같았다. 그러나 상상 연주 집단이 훈련 직후 딱 한 번 두 시간 동안 실제 훈련을 받았을 때는 실제 연주에서 5일째에 나타나는 정확도만큼 실력이 향상되었다. 결과는 실제 연습 ≥ 실제 + 상상 연습 > 상상 연습 정도로 요약할 수 있다. 추론컨대 상상 연습일 때는 실제 연습보다 피드백이 어렵기 때문에 실제보다는 떨어지지 않을까 생각한다. 즉 건반을 잘못 눌렀을 때 바로 파악할 수 있는 실제 연습보다는 상상 연습의 효과가 떨어지는 듯하다.

102쪽 "이러한 뇌세포 묶음 현상을 '헵의 법칙'이라 부른다." 감각 영역도 "함께 자극되면 함께 연결된다." 감각 영역은 약간 기괴하게 생긴 난쟁이 모양을 하고 있다. 손이 클 뿐 아니라, 입술, 혀, 얼굴도 크고, 몸통은 상대적으로 작은 모양이다. 또한 다섯 번째 손가락 옆에 네 번째 손가락이 위치하고, 그 옆에 세 번째, 또 옆에 두 번째, 또 옆에 첫 번째, 손 옆에 손목, 팔꿈치, 어깨, 계속 이어져서 몸통이 위치한다. 우리 몸의 생김새 그대로를 따라 뇌 영역이 생겨먹었다. 과연 누가 머릿속에 이처럼 보기 좋게 뇌 영역을 사람 모양으로 그려 넣은 것인가? 이는 서로 가까운 몸 영역은 '함께 발화'하는 경우가 많기 때문이다.

컵을 잡을 때를 보자. 엄지가 먼저 발화하고 옆에 검지도 발화한다. 다음은 가운뎃손가락이 발화한다. 새끼손가락은 엄지와 함께 발화할 확률이 그보다는 적다. 가끔 새끼손가락을 쓰지 않고 컵을 잡기 때문이다. 몸의 다른 부분도 마찬가지다. 즉 함께

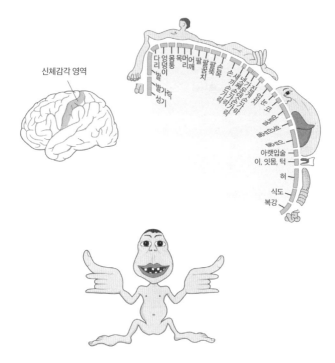

펜필드의 뇌 지도. 신체감각 영역은 약간 기괴하게 생긴 난쟁이 모양을 하고 있다.

발화하면 함께 묶인다. 이러한 함께 발화하는 확률이 모여 몸 영역과 서로 비슷한 모양으로 머릿속에서도 자리하게 된다. 덧붙이자면 손과 얼굴 영역이 꽤 크다. 손과 얼굴 영역을 자주, 많이 사용했기 때문이다.

청각 영역도 비슷하다. 청각 영역에는 각각의 소리 영역이 피아노 건반처럼 위치한다. 낮은음부터 높은음까지 순서대로 나란히 예쁘게 줄지어 있다. 누가 이렇게 예쁘게 정돈해놓은 것일까? 이는 낮은음은 낮은음과 함께 자극되는 경우가 많고, 높은음은 높은음과 함께 자극되는 경우가 많기 때문에 생겨난 소리 지도이다. 아기의 울음소리는 높은 주파수의 고음이 대부분이다. 수컷 사자의 울음소리는 낮은 주파수의 저음이 대부분이다. 한 가지 주파수는 주위의 비슷한 주파수와 함께 소리 나는 경우가 많은 것이다.

113쪽 "생각의 힘은 세상에 대한 나의 반응을 바꾸어서 세상에 영향을 미친다." 간단한 실험을 해보자. 실과 진동추가 있다면, 엄지와 검지로 실을 잡고 진동추의 움직임을 살펴보자. 진동추가 시계 방향으로 도는 것을 마음속 이미지로 상상해보자. 이때 일부러 손을 돌리거나, 또한 일부러 돌리지 않으려고 하지도 말자. 그러면 잠시 후 신기하게도 진동추는 시계 방향으로 돌고 있을 것이다. 또 이번에는 반시계 방향으로 돌고 있는 모습을 상상해보자. 진동추는 잠시 후 반시계 방향으로 돌기 시작할 것이다. 이런 식으로 수직선, 평행선도 가능하다.

이러한 현상과 다음을 비교해보자. 실을 고정된 곳에 걸어놓고 시계 방향, 또는 반시계 방향으로 돌고 있는 모습을 상상해보자. 물론 진동추는 그대로 멈춰 있을 것이다. 우리의 마음속 시각적 상상은 손에 미세한 떨림을 일으키고, 적절한 진동수로 떨리면서 줄을 타고 물리적인 세계에 영향을 미친다. 상상 그 자체는 에너지가 아니다. 상상은 나를 움직이고, 결국 나도 모르게 세상에 영향을 미친 것이다. 나의 머릿속 상상 이미지가 가는 실을 타고 세상에 물리적으로 표현된 것이다.

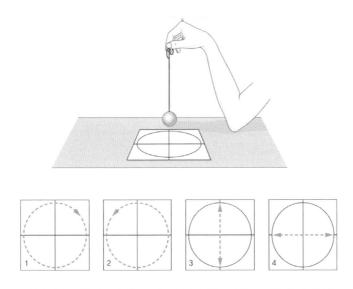

엄지와 검지로 실을 잡고, 머릿속으로 진동추의 움직임을 상상하면, 상상한 대로 움직인다.

3부 한 번에 하나씩, 제대로 연습하기

140쪽 "과제가 실력과 비교하여 적절하게 어려울 때 몰입할 수 있다." 하버드 대학교의 로버트 여키스Robert Yerkes와 존 도슨John Dodson은 다음의 그래프를 제안한다. 그들에 따르면, 각성도가 올라가면서 수행 능력이 점차로 좋아지다가 어느 수준 이상이 되면 스트레스가 쌓이고 수행 능력이 떨어지기 시작한다. 즉, 수행 능력을 최대로 이끌기 위해서는 각성이 적당해야 한다. 이후의 후속 연구에서는 과제의 어려운 정도에 따라 그래프가 다소 변화한다고 알려준다. 즉 어려운 과제는 낮은 각성도에서, 쉬운 과제는 높은 각성도에서 각각의 수행 능력이 최고가 된다. 높은 집중도를 요구하는 어려운 과제에는 긴장을 풀고 대하는 것이, 인내심과 끈기가 필요한 과제에는 긴장감을 갖고 대하는 것이 수행 정도를 높이는 데 도움이 된다. 올림픽 메달을 위해 마지막 활시위를 당길 때는 긴장을 풀고 편안하게 임하는 것이 결과를 위해 좋은 자세이고, 운전처럼 매일 하는 일을 할 때는 다소 긴장감을 유지하는 것이 도움이

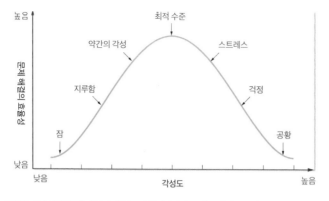

여키스-도슨의 법칙에 따르면, 각성도가 올라가면서 수행 능력이 좋아지지만, 어느 수준 이상이 되면 스트레스가 쌓이면서 수행 능력이 떨어진다.

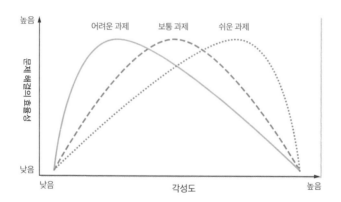

여키스-도슨의 법칙. 어려운 과제는 긴장감을 풀고 대하는 것이 더 효과적이다.

된다.

189쪽 "나의 '주의', '해석', '기억'을 가만히 살펴보는 것이 필요하다." 하버드 대학교에서 행복학 강의로 유명한 『해피어』의 저자 탈 벤-샤하르Tal Ben-shahar도 생각의 연습이 필요하다고 얘기했다. '주의', '해석', '기억'을 기분 좋아지도록 유지하는 습관을 기르라고 조언한다. 살면서 좋은 일과 나쁜 일은 항상 수위에 있나. 그중에서 좋은 일에 '주의'를 기울이도록 연습하라고 조언한다. 한 가지 똑같은 상황에 대하여 다양한 '해석'이 가능하다. '해석'은 좋은 느낌을 주는 '해석'과 나쁜 느낌을 주는 '해석'이 모두 가능한데, 이때 좋은 느낌을 주는 '해석'이 되도록 연습한다. 지나간 경험 '기억'도 마찬가지다. 우리에게는 좋은 '기억'과 나쁜 '기억'이 함께 있다. 가능하면 좋은 '기억'에 집중하여 기분을 좋게 유지하도록 한다. 또한 본인에게는 너무나도 힘들었던 경험이라고 하더라도 어떤 '해석'을 덧붙이는냐가 경험 그 자체보다 중요하다.

193쪽 "긍정적 정서는 도전과 연습의 기회를 더 많이 만들고 끊임없이 도전하는 자세를 갖게 한다." 코넬 대학교의 심리학자 앨리스 아이센Alice Isen 교수팀은 수많은 연구를 통하여 긍정적 정서가 문제 해결 및 창의성을 뚜렷하게 향상시킨다는 사실을 입증해낸다. 다음의 문제는 창의성과 문제 해결에 관한 대표적인 문제로 개발되어 여러 실험에 사용된 것이다.

이 문제에서 중요한 사항은 빈 압정 상자에 초 받침대라는 기능을 부여하는 것이다. 틀을 깨는 사고가 필요하다. 아이센 교수팀은 실험군을 두 그룹으로 나누어서 한 그룹은 코미디 영화를 보여주고, 또 한 그룹은 별다른 감흥이 없는 수학 영화를 보여준다. 이후 위의 촛불 문제를 풀게 하였는데 코미디 영화를 본 그룹은 75퍼센트가

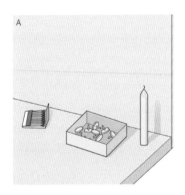

문제 : 성냥 한 갑, 압정 한 상자, 양초 한 개를 이용하여 초를 교실 벽에 붙여 불을 밝혀라. 단 촛농이 바닥에 떨어지지 않아야 한다.

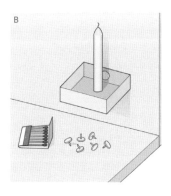

정답 : 압정을 이용하여 압정 상자를 벽에 고정한다. 상자 위에 양초를 올리면 된다.

문제를 풀어내고, 수학 영화를 본 그룹은 단 20퍼센트만이 문제를 풀어낸다. 사실 꼭 코미디 영화가 아니어도 상관없다. 누군가에게 감사 표시로 싸구려 사탕을 몇 알 받을 때, 누군가에게 소소한 칭찬을 받을 때, 우리는 작은 긍정적 기분을 느낀다. 이러한 다양한 긍정적인 정서가 유발될 경우 창의성 문제를 더 잘 풀어낸다고 한다.

205쪽 "공포 반응은 신체의 가장 위협적인 반응이므로 생존을 위하여 격렬하게 반응한다." 여러 가지 감정 중에서 공포 감정은 동물에게서도 반응을 쉽게 알 수 있기에 동물실험이 많이 이루어진다. 공포 감정은 뇌과학 분야 연구를 통해 비교적 많은 부분이 알려져 있다. 공포 감정을 시냅스적 관점으로 이해하고 이를 통하여 다른 여러 가지 감정이 발생하는 원리를 알아보자. 감정이 발생하는 원리를 알면 이를 어떻게 다뤄야 할지, 또 자신의 마음을 객관적으로 바라볼 수 있는 지혜를 얻을 수 있다.

우리가 산길을 지나가다가 커다란 곰을 만났다고 하자. 다리가 굳어버리고, 심장이 뛰고, 호흡이 가빠지고, 혈압이 상승한다. 이는 몸속에서 교감신경이 자극되고 여러 가지 스트레스 호르몬이 순간적으로 분비되었기 때문이다. 공포 자극(곰)에 의하여 뇌의 공포 관련 구조물인 편도체가 자극되고 이어서 다양한 공포 반응이 나온다. 공포 반응은 신체의 가장 위협적인 반응이므로 생존을 위하여 격렬하게 반응한다.

공포 반응의 흐름을 살펴보자. 시각 영역에 곰을 인식하면 공포반응 센터인 편도

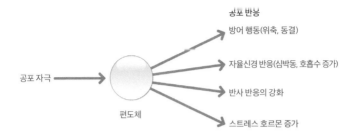

공포 반응

방어 행동(위축, 동결)

자율신경 반응(심박동, 호흡수 증가)

반사 반응의 강화

스트레스 호르몬 증가

공포 자극

편도체

공포스러운 상황이 되면 정보가 편도체에 전달되고 다양한 신체적 공포 반응을 일으킨다.

체로 연결된다. 이후 교감신경이 활성화되고 아드레날린, 코르티솔 등의 스트레스 호르몬을 분비하여 싸우거나 도망칠 수 있는 몸 상태를 만들게 된다. 즉 심장을 빠르게 뛰게 하고, 호흡이 빨라지며, 근육에 피가 많이 가도록 하는 등 응급 상황에 대비한 몸을 만든다. 우리의 생존을 위해 진화 속에 세팅된 공포 반응은 짧게는 긍정적으로 작용하기도 하지만, 만약 오래 지속된다면 머릿속 해마에 독성 작용을 일으키고, 면역이 떨어지는 등 여러 가지 질환을 일으키게 된다. 만성적인 스트레스가 신체를 공격하는 주요 경로로 편도체 반응이 관련된다.

공포는 선천적인 공포와 후천적인 공포로 나뉜다. 선천적인 공포는 태어날 때부터 동물의 머릿속 어딘가에 심어져 있는 근원적 두려움을 말한다. 즉 머릿속에 태어나면서 배선되어 있다. 한 번도 고양이를 본 적이 없는 실험실 쥐가 고양이를 만나게 되면 순간적으로 공포 반응을 일으키며 자리에서 얼어붙는다. 이와 비교하여 후천적인 공포는 각 개체의 경험에 의하여 학습된 두려움을 뜻한다. 쥐는 고양이가 나타날 때의 '특정 냄새'나 '특정한 소리'를 고양이 기억과 함께 공포스러운 기억으로 학습할 수 있다. 보통의 다른 쥐에게는 공포의 대상이 아닌 것들이 특정 경험을 통해 후천적으로 학습될 수 있다.

공포 반응은 해마 근처에 있는 손톱만 한 크기의 '편도체'라는 부위에서 관여하는데, 만약 실험 동물의 편도체를 제거하면 여러 가지 선천적 또는 후천적 공포 반응이 사라지게 된다. 예를 들면 편도체를 제거한 쥐는 고양이나 뱀에게 아무런 무서움을 느끼지 못한다. 생명의 위험을 느끼지 못하므로 피하려고 하지 않고, 결국 잡아먹히

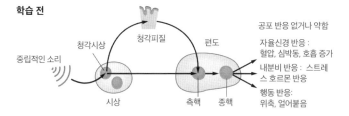

학습 전

청각피질

청각시상

중립적인 소리

시상

측핵 종핵

편도

공포 반응 없거나 약함

자율신경 반응 :
혈압, 심박동, 호흡 증가

내분비 반응 : 스트레
스 호르몬 반응

행동 반응:
위축, 얼어붙음

청각시상에서 편도로 가는 입력은 정상이다.

학습된 공포

위험과 연결된 소리
(조건화된 자극)

청각시상

공포 반응 강함

청각시상에서 편도로 가는 입력은 강화한다.

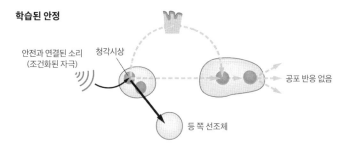

학습된 안정

안전과 연결된 소리
(조건화된 자극)

청각시상

공포 반응 없음

등 쪽 선조체

청각시상으로부터의 입력이 억제되고, 안락한 느낌과 관련된 등 쪽 선조체가 활성화된다.

기까지 한다. 공포 반응을 나타내는 편도체는 진화 기간 동안 나름의 중요한 역할을 해왔던 것이다. 공포 또는 걱정하는 생각은 선천적이든, 후천적이든 생존과 번식에 도움이 되는 우리의 두뇌 능력인 것이다.

후천적 공포의 생성 원리를 이해하는 것은 다른 여러 가지 감정들을 이해할 때에 도 도움이 된다. 결론적으로 감정이 생기는 원리도 시냅스의 연결에 의한 것이다. 즉 감정도 어느 정도는 연습이 가능할 수 있다는 것이다. 과거 생존에 도움을 주었던 편도체의 역할은 현대에서 다양한 모습으로 나타낸다. 자동차 사고를 당했던 사람은 자동차 타기를 두려워하고, 물속에 빠져서 혼이 났었던 사람은 물을 두려워하게 된다.

이러한 후천적 공포의 신경학적 연결을 자세히 들여다보자. 쥐에게 특정한 소리를 들려주고, 발에 통증을 준다. 결국 쥐는 특정소리가 통증을 일으킨다는 것을 학습한다. 이를 학습한 쥐는 특정소리를 들으면 심장이 뛰고, 몸이 경직되고, 호흡이 빨라지는 공포 반응을 나타낸다. 특정 소리를 듣는 순간 자기도 모르게 무의식적으로 반응한다. 소리가 니니끼 일부러, 의식적으로 몸을 경직시키고, 심장을 뛰게 하는 것이 아니다. 거의 자동적으로, 무의식적으로 반응하게 된다.

공포기억으로 학습된 소리는 귀를 통하여 청각신경을 타고 뇌로 들어간다. 뇌 영역 중에서 감각신경의 집합장소인 시상을 지나면서 두 가지 경로를 거치게 된다. 하나는 청각피질을 거쳐서 편도체에 도달하는 경로이고, 또 하나는 곧바로 편도체로 연결되는 경로다. 즉 첫 번째 경로는 소리를 의식하고 공포 반응이 나타나는 경로다. 두 번째 경로는 소리가 곧바로 공포 반응을 일으키는 경로다. 따라서 의식되지 않는 빠른 공포 반응을 일으킨다. 편도체에서 소리 자극은 공포를 일으키는 시냅스와 연결되어 여러 가지 공포 반응을 일으키게 된다. 바로 편도체에서의 연결이 후천적으로 공포를 학습하는 핵심 장소가 된다.

원숭이를 이용하여 양쪽 눈 각각의 공포 반응을 유도한 다소 잔인하지만 재미있는 실험이 있다. 오른쪽 눈에서 오는 뇌 영역과 편도체의 연결을 수술로 손상시키면 원숭이는 신기한 반응을 보인다. 왼쪽 눈으로 본 대상에는 공포 반응을 보이지만 오른쪽 눈으로 본 대상은 공포 반응을 보이지 않는다. 즉 공포에 대한 감각도 시냅스의 연결이 만들어내는 것이다. 연결이 손상되면 반응도 사라지게 된다.

반대의 개념인 '학습된 안정'도 살펴보자. 특정 소리를 들려주면서 안전하고, 기분 좋은 상황을 만들어준다. 이때 이 경로를 살펴보자. 소리 신경을 타고 와서는 '편도체'로 연결되지 않고, '등 쪽 선조체'와 연결되는 경로를 취한다. 만약 소리가 안전하고 기분 좋은 환경과 수차례 반복될 경우에 소리를 들으면 안정되게 된다. 소리가 안정된 마음과 연결되어 학습되는 것이다.

한진희 한국과학기술원 교수팀은 독특한 쥐 실험을 진행한다. 2009년 『사이언스』라는 유명한 학술지에 실린 것으로, 논문은 공포기억을 없애는 실험을 다뤘다. 쥐에게 특정 공포기억을 만든다. 이 기억은 특정 세포의 연결을 타고, 시냅스의 조합으로 저장된다. 반복적으로 자극되면 장기기억이 형성된다. 이때 장기기억이 되기 위해서 반드시 필요한 물질이 있다. CREB이라는 물질인데, DNA를 자극하여 시냅스 연결에 필요한 단백질을 생성시키기 위하여 꼭 필요한 물질이다. 아무튼 CREB이라는 특정 단백질을 염색해서 공포기억에 관여한 세포를 찾아낸다. 이후 염색된 세포만을 골라서 없애면 쥐는 공포기억을 갖지 못한다. 기억을 한다는 것은 세포 연결을 이룬다는 것인데 필요한 연결을 이루지 못하기 때문이다.

Eric R. Kandel, 『*In Search of Memory*』, W. W. Norton and Company, 2007

Kenneth M. Heilman, 『*Creativity and the Brain*』, Psychology Press, 2005

구본형변화경영연구소, 『나는 무엇을 잘 할 수 있는가』, 고즈윈, 2008

김윤환·기억제작팀, 『기억』, 위즈덤하우스, 2011

김주환, 『회복탄력성』, 위즈덤하우스, 2011

나덕렬, 『앞쪽형 인간』, 허원미디어, 2008

노먼 도이지, 『기적을 부르는 뇌』, 김미선 옮김, 지호, 2008

다카기 마사유키, 『세로줄 방에서 자란 고양이는 왜 가로줄을 보지 못할까?』,
　　이근아 옮김, 바다출판사, 2009

대니얼 코일, 『탤런트 코드』, 윤미나 옮김, 웅진지식하우스, 2009

디어더 배럿, 『꿈은 알고 있다』, 이덕남 옮김, 나무와 숲, 2003

렉산드르 로마노비치 루리야, 『모든 것을 기억하는 남자』, 박중서 옮김, 갈라
　　파고스, 2007

론다 번, 『시크릿』, 김우열 옮김, 살림Biz, 2007

류한평, 『자기최면』, 갑진출판사, 1994

리처드 니스벳, 『인텔리전스』, 설선혜 옮김, 최인철 감수, 김영사, 2010

마커스 버킹엄, 『강점』, 강주헌 옮김, 위즈덤하우스, 2009

마틴 셀리그만, 『긍정 심리학』, 김인자 옮김, 물푸레, 2009

마틴 셀리그만, 『학습된 낙관주의』, 최호영 옮김, 21세기북스, 2008

말콤 글래드웰, 『아웃라이어』, 노정태 옮김, 최인철 감수, 김영사, 2009

미하이 칙센트미하이, 『몰입, 미치도록 행복한 나를 만난다』, 최인수 옮김, 한 울림, 2004

미하이 칙센트미하이, 『몰입의 재발견』, 김우열 옮김, 한국경제신문사, 2009

미하이 칙센트미하이, 『몰입의 즐거움』, 이희재 옮김, 해냄, 2007

미하이 칙센트미하이, 『창의성의 즐거움』, 노혜숙 옮김, 북로드, 2003

박광희·심재원, 『영어 낭독 훈련에 답이 있다』, 사람in, 2009

박문호, 『뇌, 생각의 출현』, 휴머니스트, 2008

박정원, 『박코치 소리영어 학습법』, 경향에듀, 2013

밥 로텔라, 『골프, 완벽한 게임은 없다』, 원형중 옮김, 루비박스, 2005

밥 로텔라, 『골프, 자신감의 게임』, 원형중 옮김, 루비박스, 2003

베르너 지퍼, 『재능의 탄생』, 송경은 옮김, 타임북스, 2010

벤저민 프랭클린, 『프랭클린 자서전』, 이계영 옮김, 김영사, 2001

브라이언 트레이시, 『목표 그 성취의 기술』, 정범진 옮김, 김영사, 2003

사이토 에이지, 『부자나라 임금님의 독서법』, 김욱 옮김, 북포스, 2006

세바스티안 라이트너, 『공부의 비결』, 안미란 옮김, 들녘, 2005

수전 배리, 『3차원의 기적』, 김미선 옮김, 초록물고기, 2010

스티븐 코비, 『성공하는 사람들의 일곱 가지 습관』, 김경섭 옮김, 김영사, 2003

알렉산드르 로마노비치 루리야, 『모든 것을 기억하는 남자』, 박중서 옮김, 갈 라파고스 2007

앤서니 라빈스, 『거인이 보낸 편지』, 조진형 옮김, 씨앗을뿌리는사람, 2008

에릭 캔델, 『기억을 찾아서』, 전대호 옮김, 랜덤하우스코리아, 2009

이수영·신효상, 『스피드 리딩』, 롱테일북스, 2007

이케가야 유지, 『기억력 학습법』, 김준균 옮김, 지상사, 2006

이케가야 유지·이토이 시게사토, 『해마』, 박선무·고선윤 옮김, 은행나무, 2006

제인 맥고니걸, 『누구나 게임을 한다』, 김고명 옮김, 랜덤하우스코리아, 2012

제프 콜빈, 『재능은 어떻게 단련되는가?』, 김정희 옮김, 부키, 2010

소섭 오고너, 『NLP의 원디』, 닐기민 옮김, 학기사, 2004

조슈아 포어, 『1년 만에 기억력 천재가 된 남자』, 류현 옮김, 갤리온, 2016

조승연, 『공부 기술』, 더난출판사, 2009

조지프 르두, 『시냅스와 자아』, 강봉균 옮김, 동녘 사이언스, 2008

존 레이티·에릭 헤이거먼, 『운동화 신은 뇌』, 이상헌 옮김, 북섬, 2009

차드-멍 탄, 『너의 내면을 검색하라』, 권오열 옮김, 이시형 감수, 알키, 2012

찰스 두히그, 『습관의 힘』, 강주헌 옮김, 갤리온, 2012

캐롤 드웩, 『성공의 새로운 심리학』, 정명진 옮김, 부글북스, 2011

케네스 토마스, 『열정과 몰입의 방법』, 장재윤·구자숙 옮김, 지식공작소, 2002

크리스토퍼 차브리스·대니얼 사이먼스, 『보이지 않는 고릴라』, 김명철 옮김, 김영사, 2011

탈 벤-샤하르, 『완벽의 추구』, 노혜숙 옮김, 위즈덤하우스, 2010

탈 벤-샤하르, 『해피어』, 노혜숙 옮김, 위즈덤하우스, 2007

황농문, 『몰입』, 알에이치코리아(RHK), 2007

황농문, 『몰입 두 번째 이야기』, 랜덤하우스코리아, 2011

20쪽 : 이케가야 유지, 『기억력 학습법』, 지상사, 2006, p. 145 참조

28쪽 : Eric R. Kandel, 『*In Search of Memory*』, W. W. Norton and Company, 2007, p. 99, p. 256 참조

32쪽 : 같은 책, p. 217(에릭 캔델, 『기억을 찾아서』, 전대호 옮김, 랜덤하우스코리아, 2009[이하 한국어판으로 표기]) 참조

34쪽 : http://www.mstrust.org.uk/information/publications/msexplained/central_nervous_system.jsp 참조

70쪽 : 대니얼 코일, 『탤런트 코드』, 윤미나 옮김, 웅진지식하우스, 2009, p. 151 참조

93쪽 : 탈 벤-샤하르, 『해피어』, 노혜숙 옮김, 위즈덤하우스, 2007 참조

96쪽 : 황농문, 『몰입』, 알에이치코리아, 2007, p. 32 참조

214쪽 : Eric R. kandel, 위의 책, p. 191(한국어판 p. 218) 참조

215쪽 : 같은 책, p. 265(한국어판 p. 297) 참조

216쪽 : 같은 책, p. 167 참조

217쪽 : 조지프 르두, 『시냅스와 자아』, 강봉균 옮김, 동녘 사이언스, 2008, p. 283 참조

218쪽 : Eric R. Kandel, 위의 책, p. 214 참조

220쪽 : Frost W. N., Castellucci V. F., Hawkins R. D., Kandel E. R., *Proceedings of the National Academy of Sciences USA* 82, 1985, pp. 8266~8269 참조

224쪽 : Eric R. Kandel, 위의 책, p. 112 참조

226쪽 : 류한평,『자기최면』, 갑진출판사, 1994, p. 57 참조

227쪽 : 황농문,『몰입 두 번째 이야기』, 랜덤하우스코리아, 2011, p. 124 참조

228~229쪽 : 김주환,『회복탄력성』, 위즈덤하우스, 2011, p. 107~108 참조

230쪽 : Eric R. Kandel, 위의 책, p. 339 참조

231쪽 : 같은 책, p. 347(한국어판 p. 382) 참조

스몰 윈

© 신동선 2023

초판 발행   2023년 3월 6일

지은이   신동선
펴낸이   김정순
편집   허영수
디자인   김민영
일러스트   전수교
마케팅   이보민 양혜림 정지수

펴낸곳   (주)북하우스 퍼블리셔스
출판등록   1997년 9월 23일 제406 - 2003 - 055호
주소   04043 서울시 마포구 양화로 12길 16 - 9(서교동 북앤빌딩)
전자우편   henamu@hotmail.com
홈페이지   www.bookhouse.co.kr
전화번호   02 - 3144 - 3123
팩스   02 - 3144 - 3121

ISBN   979-11-6405-200-4   03320